굿모닝 해빗

굿모닝 해빗

멜 로빈스 지음 | 강성실 옮김

HIGH
FIVE
HABIT

쌤앤파커스

PART 1

그때 나를 포기하지 않도록
붙잡아준 것

1장

일생일대의 발견,
하이파이브

거울 속 나에게
거수경례를 한 어느 아침

얼마 전 나는 아주 단순하고도 중요한 발견을 했다. 이 일생일대의 발견은 당신의 삶에서 가장 중요한 '자신과의 관계'를 향상하는 데 도움이 될 것이다. 어느 날 아침 화장실에서 양치하다가 거울 속에 비친 내 모습이 눈에 들어왔고 순간 깜짝 놀랐다. 마음에 들지 않는 부분만 눈에 들어왔기 때문이다. 칙칙한 다크서클, 짝짝이 가슴, 축 처진 뱃살…. 부정적인 생각이 들기 시작했다. '꼴이 이게 뭐람. 운동을 더 해야 하나. 목주름은 왜 이렇게 많아진 거야.' 안 좋은 생각은 꼬리에 꼬리를 물어 나 자신을 더욱 비참하게 만들었다.

그날 오전에는 화상 회의가 예정되어 있었는데, 시계를 보니 15분밖에 남지 않은 상태였다. 더 일찍 일어났어야 했는데…. 원고 마감은 코앞이었고 꼭 따내야 할 계약과 아직 답하지 않은 메시지들이 떠올랐다. 강아지 산책도 시켜야 하고 아버지 조직 검사 결과도 알아봐야 하며 아이들 학교도 보내야 했다. 나는 이 모든 일에 완전히 정신이 팔려 옷도 제대로 입지 못하고 커피도 한 모금 마시지 못했다.

그날 아침, 내가 원하는 것은 TV 앞 소파에 드러누워 커피 1잔을 마시며 신경 쓰이는 모든 일을 잊어버리는 거였다. 하지만 그럴 수 없다는 사실을 잘 알고 있다. 내 문제를 해결해줄 사람은 아무도 없으니까. 일터에서 꺼내야 할 힘든 이야기를 누군가 대신해줄 수 없다는 사실도 알고 있다. 나는 그저… 빌어먹게도 휴식이 필요했을 뿐이다.

정신없이 몇 달이 흘러갔다. 스트레스가 끊이질 않았다. 나는 모두를 걱정하고 뒷바라지하며 챙기느라 아주 분주한 나날을 보냈다. 그렇다면 나는 누가 챙긴단 말인가? 이 책을 읽는 당신도 분명 어느 정도는 이런 상황이 익숙할 것이다. 주변이 요구하는 일은 쌓여만 가는데 정작 내 상태는 엉망일 때, 그런 상황이 당신을 무기력하게 만들 수 있다. 나는 전 세계에서 가장 성공한 라이프코치 중 하나였지만, 그 순간 내게 동기부여해줄 만한 어떤 말도 떠오르지 않았다. 나는 내게 이렇게 말해줄 사람이 필요했다. '그래 맞아. 이건 힘든 상황이야. 넌 이런 상황을 겪지 않아도 돼. 그리고 누군가 이 상황을 헤쳐나간다면 그건 바로 너야.' 나에게도 확신과 격려의 말이 필요했다.

무슨 생각으로 그랬는지는 모르겠다. 이유야 어찌 됐든 나는 화장실 거울 속에 비친 내 모습에 대고 거수경례를 했다.

'나는 너를 바라보고 있어.' 그게 내가 하고 싶은 말의 전부였다. 스스로 경례하는 행위는 약식 하이파이브였다. 하이파이브는 누구나 확실히 알아보고 이해할 수 있는 흔한 행위이다. 우리는 살아가면서 수도 없이 많은 하이파이브를 주고받았다. 어쩌면 그런 하이파이브에 약간은 가식적인 측면이 있었는지도 모른다. 하지만 나는 브래지어도 하지 않고 카페인도 충전하지 않은 채 화장실 세면대에 기대어 거울에 비친 내 모습에 하이파이브를 하고 있었다. 소리 내어 아무 말도 하지 않았지만, 나는 내가 간절히 듣고 싶어 하는 말을 내게 들려주고 있었다. 무엇이 되었든 '그 일을 할 수 있다.'고 계속해서 내게 확신을 심어주고 있었다. 나는 나를 응원하고 있었고, 거울 속의 여자에게 턱을 치켜들며 계속해서 가던 길을 가라고 격려했다.

거울 속의 내 모습에 손을 가져다 대자 기분이 한결 나아졌다. 나는 혼자가 아니었다. 나에겐 내가 있었다. 간단한 동작이지만 하이파이브는 나를 향한 친절의 행위다. 내가 필요로 하고 마땅히 받아야 하는 무언가였다. 누가 보면 '제정신 아니구나.' 할까 봐 웃음이 나왔다. 하지만 그 즉시 가슴을 조이던 긴장이 풀리는 것이 느껴졌고 어깨도 쫙 펴졌다. 갑자기 내가 그다지 피곤해 보이지 않았고, 해야 할 일도 지나치게 큰 압박으로 다가오지 않았다. 그렇게 그날 하루를 보냈다.

다음 날 아침, 똑같은 알람 시계가 울렸고 똑같은 문제로 똑같은 압박감이 밀려왔다. 나는 일어나 침대를 정리하고 화장실로 가서 거울에 비친 내 모습을 바라봤다. 아무 생각 없이 미소 지으며 또 한 번 나와 하이파이브를 했다. 셋째 날 아침, 나는 눈 뜨자마자 하이파이브 할 생각에 들뜨기 시작했다. 형식적인 행위일 수도 있지만 진심이었다. 나는 평상시보다 더 빨리 침대를 정리한 뒤, 오전 6시 6분이라는 시간이 믿기지 않을 만큼 활기차게 화장실로 뛰어 들어갔다. 그 느낌을 설명하자면 마치 친구를 만나러 가는 것 같은 기분이었다.

사람과 사람 사이에 오가는
에너지와 믿음

내 인생의 하이파이브 순간들을 떠올렸다. 자연스레 어린 시절 친구들과 팀 대항 경기를 했을 때가 생각났다. 또 보스턴 레드삭스팀이 득점할 때마다 경기장 이곳저곳에서 하이파이브 소리로 떠들썩했던 광경도 생각났다. 조금 머리가 크고 나선 친구가 승진했을 때, 한심한 남자친구와 드디어 헤어졌을 때, 게임에서 이겼을 때 하이파이브를 했다.

그리고 내 인생에서 가장 중요했던 순간도 떠올랐다. 2001년 9·11 테러가 발생하고 2달 뒤, 뉴욕 마라톤 대회에 참가했다. 풀코스 마라톤 완주는 '내가 죽기 전에 꼭 해야 할 일 목록'에 항상 올라가 있던 것이다. 그래서 마라톤에 도전할 기회가 왔을 때 바로 붙잡았다. 당연히 쉽지 않았다. 무릎은 끊어질 것 같았고, 장기들은 터질 것 같았다. 내게는 특수부대원 같은 체력이 없다. 애초에 나는 장바구니를 들고 2층만 올라가도 헐떡이는 사람이다. 게다가 당시 나는 어린아이들을 둔 워킹맘이었다. 그렇게 오랜 시간 달려본 적도 없었고, 새로 산 운동화는 아직 달리기할 만큼 길이 들어 있지 않았다.

나는 이건 불가능하다고 속으로 울부짖었다. 도중에 절뚝거리며 걷다시피 하기도 했다. 20km에 거의 근접했을 때 나는 그만 달리고 싶다며 자원봉사자들에게 애원했다. 하지만 그들은 내 말을 들으려 하지 않았다.

"그만 뛴다고요? 이제 와서요? 벌써 이렇게 많이 달렸잖아요!"

그들의 격려는 내 의심을 불식시켰다. 또한 관중들은 길거리를 가득 메우고 있었고, 내가 달리는 내내 하이파이브를 건네며 응원의 메시지를 보냈다. 만약 그 사람들이 없었더라면 나는 끝까지 달리지 못했을 것이다. 다른 주자들이 나를 추월하는 것을 보며 좌절감을 느끼고 있을 때, 포기하지 않도록 붙잡아준 것은 생면부지의 사람들이 건넨 하이파이브였다. 응원받는 것은 기분 좋은 일이었다. 그 응원이 나를 집중하게 했고, 내 몸을 움직였다. 하이파이브는 내가 이전에 해본 적 없는 무언가를 할 수 있다고 스스로 믿게 했다.

바로 이게 가장 중요한 지점이다. 하이파이브는 단순히 손바닥 마주치는 것을 훨씬 뛰어넘는 행위이다. 사람과 사람 사이에서 믿음과 에너지를 전달해준다. 당신 안에서 무언가를 일깨우고 잊고 있었던 무언가를 상기시킨다. 스스로의 능력을 믿고 계속할 수 있게 만들어준다. 내가 결승선을 통과해 목표를 달성하기까지 6시간 동안 달릴 수 있었던 것처럼 말이다. 모르는 사람이 건네는 하이파이브의 놀라운 힘에 대해 생각해보면 인생과 마라톤 사이의 유사점을 찾기가 쉬워질 것이다. 인생과 마라톤은 마찬가지로 긴 여정이며 노력한 만큼 보답이 따르고 흥분되면서도 때때로 고통스럽다.

매일 아침 일어나 일상적인 삶을 살면서 당신을 응원하는 하이파이브 에너지에 접속할 수 있다면 어떨까? 곰곰이 생각해보라. 스스로 비난하는 일이 도움이 되었던가? 자신을 비난하기보다는 매일, 매주, 매년 응원해서 조금씩 앞으로 나아가게 만드는 법을 배운다면 어떻게 될까? 당신이 스스로 최고의 치어리더이자 팬이라고 상상해보라. 상상이 잘 안 갈 것이다. 당신은 자신을 얼마나 자주 응원하는가? 아마 내 대답과 똑같이 대답할 것이다. '거의 없다.' 그렇다면 그 이유는 무엇인가? 사랑받고 격려받고 축하받는 것이 그렇게 좋은 느낌이라면, 그리고 당신이 계속 앞으로 나아가도록 만들어 목표에 도달하도록 해주는 힘이라면 당신은 왜 스스로 그렇게 하지 않는가?

"남을 도우려면 너 먼저
산소마스크를 써라"

다른 사람을 도우려면 당신 먼저 산소마스크를 써라. 나는 여태껏 이 격언을 수만 번 들어왔지만 실제로 일상생활 속에서 실천한 적은 없다. 그러던 중 거울 속의 나와 하이파이브 하는 게 그것과 비슷한 행위라는 걸 깨달았다. 먼저 자신을 우선순위에 두려면, 자신을 그 위치에 올려놓아야 한다. 그게 바로 당신이 다른 사람들을 올려놓는 자리이기 때문이다.

당신은 다른 사람들을 지지하고 축하하는 일에 그 누구보다 익숙하다. 좋아하는 스포츠팀과 연예인을 응원할 때 어땠는지 생각해보라. 그들의 경기를 관람하기 위해 표를 사고, 그들의 공연을 보고 기립 박수를 보내며, 그들이 추천하는 것을 따라 해보고, 그들이 입는 신상 의류를 구입하고, 그들이 우승이나 수상에 이르기까지 모든 발자취를 하나도 빠뜨리지 않고 뒤쫓을 때 어떤 기분이었는가.

또한 당신은 사랑하는 배우자와 자녀, 절친한 친구, 형제, 동료들을 지지해주는 일에도 뛰어나다. 가족을 위해 파티를 계획하고, 동료를 돕기 위해 야근을 자청하며, 친구의 데이트 사진을 보고 '너무 잘 나왔다!'라고 호들갑을 떨며 추켜세워준다. 당신은 주변 사람들이 자신의 목표와 꿈을 좇을 수 있도록 용기를 북돋아준다.

하지만 당신은 자신을 축하하고 격려하는 데는 아주 서툴다. 다른 사람을 대할 때와 반대로 행동하기까지 한다. 당신은 거울 속 당신의 모습을 보고 단점만을 짚어낸다. 자신을 좌절시키고 목표와 꿈을 이룰 수 없을 거라 단정한다. 다른 이들을 위해서는 비상한 노력을 기울이지만 자신을 위해서는 좀처럼 그렇게 하지 않는다. 이젠 당신이 받아 마땅한 격려를 자신에게 해줄 때다. 자기 가치와 자존심, 자기애, 자신감은 모두 자신 내면의 자질을 키우는 것에서부터 시작된다. 그래서 매일 거울 속의 자신과 하이파이브 하며 하루를 시작하라고 말하는 것이다.

'거울 보고 하이파이브 하기'는 삶 전체에 대한 태도와 철학, 무의식 패턴을 재프로그램하는 전략이다. 나는 과학적 연구 결과와 지극히 개인적인 이야기를 통해 하이파이브가 세상 사람들의 삶에 어떤 결과를 가져왔는지 증명해 보일 것이다. 그리하여 당신이 매일 아침 다양하고 멋진 하이파이브로 삶을 통제하도록 영감을 불어넣어 주고자 한다. 당신은 죄책감이나 질투, 두려움, 불안, 불안정과 같이 심리적으로 자신을 끌어내리는 생각이나 믿음을 알아채는 법을 배우게 될 것이다. 더 중요한 것은 그런 부정적인 생각이나 믿음을 앞으로 나아가게 만드는 새로운 생각과 행동 패턴으로 바꾸는 방법을 터득할 것이라는 점이다.

이 책은 세상에서 가장 중요한 관계인 자기 자신과의 관계를 이해하고 향상하는 방법을 익히는 책이다. 이 책을 통해 당신의 가장 근본적인 요구가 무엇이고, 그것을 어떻게 충족해야 하는지 알게 될 것이다. 매 순간을 극복해 나아가고, 거울 속에 보이는 당신을 절대 포기하지 않도록 도와주는 검증

된 전략 또한 알려줄 것이다.

자신을 바라보는 시선이 곧 세상을 바라보는 시선이다. 짐작하듯이 나는 이 책을 집필하면서 하이파이브에 대해 누구보다도 많이 고민했다. 하이파이브 습관을 실천하면서 나는 거울에 비친 내 모습에서 단점만 찾아내거나 스스로 외면한 채로 인생의 대부분을 보냈다는 사실을 깨달았다. 내 직업이 무엇인지 안다면 참으로 역설적이라 할 수 있다. 라이프코치이자 작가로서 사람들이 삶을 변화하는 데 필요한 격려를 제공해왔다. 내가 어떻게 하면 이 책을 읽는 당신에게 확신을 줄까 곰곰이 생각해보니 다름 아닌 하이파이브를 체현하면 되는 일이었다. 강연이나 책, 유튜브, 온라인 강의, SNS 등 내가 하는 모든 일이 '나는 당신을 믿습니다. 당신의 꿈은 중요해요. 해낼 수 있으니 계속하세요.'라고 말해주기 위한 것이었다.

나는 수년 동안 사람들에게 하이파이브를 건네고 있었다. 그렇게 누군가에게 매일 하이파이브를 건네고 있으면서도 정작 나 자신에게는 서툴렀다. 나는 나 자신의 가장 까다롭고 야멸찬 비판자다. 당신도 분명 그럴 것이다. 나에게 하이파이브를 건네기 시작하면서 상황이 나아진 것은 최근의 일이다. 처음에는 거울 속에 비친 나에게 하이파이브를 했고 그다음에는 여러 가지 다양한 상징적인 방식으로 했다. 자신을 어떻게 바라보고 지지해야 하는지 배우게 되면 심리적으로 다운되려고 하는 순간을 포착해 더 강인하고 긍정적인 마인드로 전환하기가 쉬워진다. 긍정적인 마음을 가지면 삶을 변화시키는 긍정적인 행동을 더 많이 하게 된다. 하이파이브 에너지로 무장하고 있다면 당신은 무슨 일이든 이룰 수 있다.

거울 속 나 자신과 하이파이브 하기 시작하자 효과는 상상 이상이었다. 그 자체로 자기비판과 자기혐오가 사라졌다. 내가 내 삶을 바라보는 시각을 바꿔놓은 것이다. 하이파이브는 내 인생 대변혁의 시작점이고, 삶을 가르는 구분선이다. 삶에서 가장 중요한 사람인 나 자신과 완전히 새로운 관계를 시작하는 계기이기도 하다. 나에 대한 시선과 내가 무엇을 할 수 있는지 생각이 달라졌다. 인생을 경험하는 완전히 새로운 방식을 고안하게 되었다. 그래서 이 책을 쓰게 된 것이다.

격려+축하+사랑+응원

=하이파이브

세상에서 가장 강력한 힘은 격려, 축하, 사랑이다. 그런데 당신은 스스로에게는 그것을 주지 않고 있다. 당신만 그런 것은 아니다. 모두가 그렇다. 어쩌면 자신을 사랑하는 게 힘들 수도 있고, 아무리 노력해도 바꾸기 어려울 수도 있다. 어쩌면 당신의 과거는 당신이 저질렀거나 겪은 끔찍한 일들로 채워져 있는지도 모른다. 나는 당신이 무슨 일을 겪었든 진실을 보길 바란다. 지금 당신의 바로 앞에는 아름다운 인생이 놓여 있다. 당신은 그것을 보지 못하고 있다. 인생에서 성취감이나 행복을 원한다면 잠에서 깨어나 지금까지 당신이 자신을 대했던 것보다 훨씬 잘 대우해줘야 한다. 그것은 매일 아침 거울 속의 자신을 마주하는 순간에서부터 시작된다.

이 모든 일은 생각보다 쉽다. 인생의 모든 측면에서 **어떤 느낌을 받고 싶은지 스스로 질문해보라.** 당신은 하이파이브 인생을 살고 싶지 않은가? 하이파이브 결혼생활과 하이파이브 직장생활은 어떤가? 하이파이브 부모와 하이파이브 친구가 되고 싶지 않은가? 인정받기를 열망하고 힘과 신념에 가속도가 붙어 앞으로 나아가기를 원하지 않는가? 이 책은 바로 그것에 관한 것이다. 스스로에 대해 자신감을 가지고 자신을 응원하는 것에 관한 책이다. 그런 자세를 가진다면 당신은 무엇이든 할 수 있고, 될 수 있다. 그 자세는 연쇄적인 반응을 불러온다. 당신이 앞으로 나아갈 수 있는 추진력을 발생시키고, 자신을 응원하고, 자신과 신뢰 관계를 형성하고, 기쁨의 에너지를 누리도록 도와준다.

하이파이브는 겉으로 보기에 간단해 보인다. 그리고 실제로 해보면 더 간단하다. 그러니 내 말을 믿고 한번 따라와 보시라. 하이파이브가 당신의 무의식과 신경 연결 통로에 작용하는 방식은 생각보다 더 심오하다. 당신이 경험하는 변화는 화장실 거울에 하이파이브를 하며 남긴 손자국보다 훨씬 더 오래 지속된다. 처음에는 하이파이브가 그저 우스꽝스러운 행위에 불과할 것이다. 하지만 시간이 지나면서 그것이 상징하는 자기 인정, 자신감, 축하, 긍정성은 당신을 구성하는 일부가 될 것이다.

당신은 자신에게 관대하면서도 열심히 일할 수 있다. 무언가에 도전하고 일을 망친 뒤, 스스로 타박하지 않고도 교훈을 얻을 수 있다. 큰 야망을 품어도 다른 이들에게 친절할 수 있다. 어렵고 힘든 상황에 직면해서도 긍정적인 생각과 회복탄력성, 신념을 더욱 강화해 그 상황을 극복할 수 있다. 어떤 감정을 느끼는 원인이 자신에게 있다고 생각하는 것을 멈추면 기분이 금방 나아질 것이다.

인생의 고난을 극복하도록 응원하고 격려하는 방법을 배운다면, 자연스럽게 어려운 상황 속에서 몸부림치는 것을 멈출 수 있다. 또한 인생은 당신을 위해 예정된 대로 흘러가기 시작할 것이다. 자신에게 지나치게 엄격하게 구는 것을 중단하면 얼마나 일이 수월하게 풀리는지 당신은 모른다. 그리고 당신이 끊임없이 자신을 끌어내리지만 않는다면, 인생이 얼마나 더 아름다워지는지.

지구에서 '이것'이 필요한 사람은
나 혼자가 아니었다

지금으로부터 1년 뒤도 아니고, 무언가 성공하거나 목표를 달성했을 때도 아니다. 당신은 지금 바로 그 자리에서 오늘부터 축하받을 자격이 있다. 자격이 있을 뿐만 아니라 당신에게는 그것이 필요하다. 축하는 가장 근본적인 감정적 욕구를 충족시킨다. 누군가 내 말을 들어주고 인정해주길 바라는 욕구 말이다. 그뿐만 아니라 연구에 따르면 보통 사람들은 이러한 지지를 받을 때 더 좋은 성과를 보여준다. 격려와 신뢰를 받는 느낌은 지구상에서 가장 고무적인 동력이다. 이것이 내가 일상 속에서 축하와 긍정을 습관화해야 한다고 믿는 이유다. 하루를 시작하면서 의도적으로 스스로 응원하고, 무슨 일이 되었든 자신을 끊임없이 지지하는 습관을 개발함으로써 당신을 발목 잡은 모든 것을 벗어던질 수 있다.

이것이 바로 내게 일어난 일이다. 거울 속의 나와 하이파이브 한 지 몇 주가 지났을 때, 나는 이 단순한 습관이 나를 근본적으로 변화시키고 있음을 느꼈다. 우선 외면이 중요하지 않다는 것을 깨닫기 시작했다. **가장 중요한 것은 나의 내면에 무엇이 존재하는가였다.** 아침에 눈을 뜨자마자 화장실 거울 속의 나를 만날 생각에 마음이 들떴다. 나는 50년이 넘도록 매일 아침 거울 속 내 모습을 보았다. 하지만 거울 속의 나를 기대해본 적은 없었다. 이것이 하이파이브의 기묘한 효과 중 하나로, 외면을 품평하는 것을 멈추고 진정한 당신을 보기 시작한다. 당신은 거울 속에서 육체적인 자신을 바라보고 있는 것이 아니다. 당신의 존재를 만나고 있다. 손을 올려 소리 없이 자신에게 이렇게 말하는 것이다. '**나는 너를 보고 있어! 넌 할 수 있어. 우리 매일 아침 이렇게 해보자.**' 이 모든 말과 행동이 나의 기분과 감정, 동기부여, 회복탄력성, 태도에 커다란 영향을 미쳤다.

나는 아침이면 언덕 위로 바위를 밀어 올리는 것 같은 막막한 기분으로 하루를 시작했다. 하지만 이젠 매일 아침 순풍을 느끼며 화장실에서 나온다. 날마다 거울 속에 비친 내게 손을 들어 올리면 나 자신과의 연결이 더욱 강화된다. 사실 하루는 기분이 너무 좋아서 내가 거울 속 나와 하이파이브 하는 장면을 찍어 인스타그램 스토리에 올리기도 했다. 보통 유명인들이 그렇게 하지 않는가. 아주 마음에 드는 것을 사람들에게 공유한다.

나는 거기에 어떤 설명도 덧붙이지 않았고, 해시태그조차 달지 않았다. 그저 내 인스타그램 스토리에 내가 화장실 거울을 응시하며 하이파이브 하는 사진을 올리고 하루 일상을 계속했다. 그런데 그날 지구에서 하이파이브가 필요한 사람이 나만은 아니었다는 사실이 만천하에 드러났다.

Q. | 왜 '하이파이브 습관'이라고 부르는가?

습관은 반복해야 천성이 될 수 있다. 우리는 변화를 추구할 동기를 얻기 위해, 혹은 사랑받을 가치가 있다고 느끼기 위해 기약 없이 기다리는 실수를 범한다. 하지만 이제는 하이파이브를 습관화함으로써 그런 태도에서 벗어나자. 습관을 당신이 매일 행하는 작고 간단한 일로 만들면 몸에 익히기가 쉽다. 도미니크도 그랬다고 한다. "일어나서 강아지를 마당에 풀어줬어요. 그리고 거울 앞을 지날 때 잠시 멈춰서 하이파이브 한 후 다시 잤죠. 하이파이브는 이미 제 생활의 일부가 됐어요." 당신은 하이파이브를 더 자주 할수록 그 습관 자체를 좋아하게 될 것이다. 자신을 다시 사랑하는 법을 배우는 과정과 그 과정을 통해 사랑에 빠지는 것이다.

2장

오늘부터 하이파이브를
시작합니다

SNS로 퍼져나간

긍정의 물결

나는 내 인스타그램에 거울 속 나와 하이파이브 하는 사진을 올렸다. 게시물에는 아무런 문구도 없다. 그냥 나혼자 서 있을 뿐이다. 교정기도 아직 빼지 않았고 자면서 헝클어진 머리도 빗지 않았다. 그러자 게시물을 올린 지 1시간도 채 되지 않아 전 세계 사람들이 거울에 비친 자신과 하이파이브 하는 사진을 올리기 시작했다.

남녀노소 가릴 것 없이 하루를 시작하기에 앞서 거울 속의 자신에게 용기를 북돋우고 있었다. 나는 놀라서 잠시 할 말을 잃었다. 방금 막 일어난 사람들이 단체로 영상 통화라도 하는 것 같았다. 정말 놀라운 광경이었다. 그것이 사진을 올린 첫날이다. 나는 어쩌면 나뿐만 아니라 다른 사람들에게도 하이파이브가 필요하겠다는 사실을 깨달았다. 왜 하이파이브는 유치하면서도 단순한 동시에 아주 강력하고 전파력이 강할까?

먼저 인스타그램에 하이파이브 사진을 올린 사람들에게 연락해 보았다. 몇 마디만 나누어도 우리에게 멋진 일이 일어나고 있음을 알 수 있었다. 자신과 하이파이브 할 때는 스스로 못마땅한 점이 떠오르지 않는다. 믿기 어렵다면 직접 시도해보라. 실제로 그렇다. 거울을 보고 손을 들어 올려 자신에게 용기를 북돋울 때는 '난 패배자야. 난 형편없는 인간이야. 너무 싫어.'라는 생각을 할 수가 없다.

나는 몇 번이나 거울에 하이파이브 할 때 부정적인 말을 하려고 시도했지만 그럴 수 없었다. 평생 긍정적 의미로만 하이파이브를 해왔기 때문에 부정적인 생각을 하는 것이 불가능한 것이다. 자신과 하이파이브 하기 위해 손을 들기가 무섭게 무의식이 부정적인 생각을 몰아내고 좋은 감정이 그 자리를 차지한다. 하이파이브는 당신을 현재의 순간으로 몰아넣는다. 지금 당장의 배짱을 확인하는 행위이기 때문이다.

또한 하이파이브 하며 앞으로의 일정을 걱정하는 것도 불가능하다. 생각해보라. 기운 없거나 손바닥이 빗나간 하이파이브를 주고받는 것은 최악이다. 하이파이브를 잘하기 위해서는 그 행위와 의도에만 집중해야 한다. 완전히 현재에 존재해야 한다. 자신에게 하이파이브를 건넬 때도 마찬가지다. 보통 걱정하는 습관은 아침에 양치하기 시작하면서 엄습한다. '어떻게 하면 프레젠테이션을 제시간에 마치고 엄마를 늦지 않게 모셔다드릴 수 있을까?' 같은 고민은 손을 들어 올리는 행위로 인해 잠잠해진다. '나는 너를 보고 있어. 너를 믿어. 내가 너와 함께 여기에 있어. 넌 할 수 있어.'

하이파이브는 비용이 들지 않는다. 더군다나 하이파이브가 안겨주는 '인정받는 순간'은 돈으로 환산할 수 없을 정도로 소중하다. 오늘 무슨 일이 일어나든 '나'라는 든든한 지원군이 있다는 사실을 상기시켜 준다. 다른 이들이 올린 하이파이브 사진 중에는 가정 폭력 피해자가 보호소의 화장실에서 찍은 사진도 있다. 하이파이브만 할 수 있다면 당신이 어디에 있든 누구와 함께 있든 무슨 일을 겪고 있든 재산이 얼마나 되든 상관없다. 당신은 여전히 당신과 함께 있는 것이다.

그래서 이 습관이 단순한 몸짓 이상의 의미가 있다는 것이다. 하이파이브는 자신을 인정하는 행위이다. 속옷 차림이든 운동복을 입고 있든 혹은 알몸도 상관없다. 손이 거울에 가닿을 때 누군가가 당신의 말을 들어주고 있는 느낌을 받으면 관점 또한 바뀐다. 지금 당장 거울 앞에 서서 무심하게 (심적으로 큰 부담을 느끼지만 그래도) 해야 하는 일의 목록 속으로 힘차게 걸어가보라. 그러고 난 뒤 다른 사람들과 일에 초점을 맞추어라. 하이파이브 할 때는 자신을 위해 하고자 하는 일을 생각하면서 하는 것이 좋다. 오늘은 어떤 차림으로 출근하고 싶은가? 어떤 사람이 되고 싶은가? 나를 위해 진행할 개인 프로젝트는 무엇인가?

의도적으로 성찰의 시간을 가지는 것은 생각보다 강력한

힘을 발휘한다. 최근 하버드 경영대학원의 연구에 의하면 일에 대해 성찰의 시간을 가지는 것이 업무 성과, 효율성, 의욕을 높여주는 것으로 나타났다. 목표를 이룰 수 있다는 자신감을 불러일으키는 것은 물론 생산성도 향상된다. 단순한 성찰의 시간을 갖는 것만으로도 그 모든 변화가 가능한 것이다.

몇 달이 지나고 내가 하이파이브 습관에 대해 더 많은 게시글을 올리자 그것이 전 세계로 빠르게 확산되기 시작했다. 나는 날마다 하이파이브 습관이 가지는 영향력과 그들이 주변 사람들에게 이것을 어떻게 전파하고 있는지에 대해 들을 수 있었다. 기업들은 이 상황에 주목하고 하이파이브에 대해 사내 강연을 해줄 수 있는지 의뢰해오기도 했다. 지난 한 해 동안 나는 전 세계 약 50만 명의 사람들에게 이 책에 나오는 것들을 소개했다. 이 책에 등장하는 단순한 습관과 마음가짐을 통해 당신의 인생이 변화할 것임을 전적으로 확신한다.

뇌를 바꾸는
'적극적 칭찬'

하이파이브의 동기부여 효과는 이미 증명되어 있다. 연구자들은 어려운 과제를 부여받은 아이들에게 동기부여하는 가장 좋은 방법을 연구하면서 하이파이브에 대해 놀라운 사실을 발견했다. 아이들을 3개의 그룹으로 나누어 어려운 과제를 부여한 후, 연구자들은 3개의 그룹을 각각 다른 형태로 격려했다. 첫 번째 그룹에게는 "너희들은 아주 똑똑하구나."라고 타고난 능력에 초점을 맞추어 칭찬해주었다. 두 번째 그룹에게는 "열심히 하고 있다."라고 말하며 그들의 노력을 칭찬했다. 그리고 세 번째 그룹에게는 그냥 하이파이브만 해주었다.

그 결과 하이파이브는 가장 확실한 동기부여 요인이었다. 똑똑하다거나 재능 있다는 말을 들은 아이들은 가장 동기부여 정도가 낮았다. 과제 수행 중 재미도 제대로 느끼지 못했다. 노력에 대해 칭찬받은 아이들은 재능 있다는 말을 들은 아이들보다 더 큰 즐거움과 끈기를 보였다. 그렇다면 하이파이브만 받은 아이들은 어땠을까? 자신의 노력에 대해 가장 긍정적인 감정을 느끼고, 실수하더라도 가장 오랜 시간 동안 계속하는 엄청난 끈기를 보였다.

하이파이브는 다른 사람과 함께 축하하는 것을 의미한다. 당신의 에너지를 그들에게 전달하는 것이다. 말로 하는 수동적인 칭찬과는 아주 다르다. 누군가가 다가와 하이파이브 하면 그 사람은 당신을 한 사람으로서 봐주고 인정하는 것이다. 당신이 가진 기술이나 노력과 상관없이 말이다. 그저 '당신'으로 존재하는 것에 대해 인정하는 것이다. 따라서 거울 속에 비친 자신과 하이파이브 할 때 그와 같은 기운에 접속할 수 있다. 아무 말도 하지 않아도 된다. 하이파이브 자체로 축하와 신뢰를 전달할 수 있다.

'나는 나 자신을 사랑한다.'와 같은 만트라 문장을 반복하면 강력한 긍정적 효과가 나타난다. 그러나 연구에 따르면 만트라의 내용을 진심으로 믿지 않으면서 말하기만 하면 마음은 즉시 그 내용을 거부할 이유를 찾는다. 이 연구 결과는 하이파이브가 아주 멋진 행위라는 걸 증명해주는 예시이기도 하다. 하이파이브는 말로 하는 수동적인 칭찬이 아니다. 하이파이브 할 때 당신은 뇌에게 '나는 나를 응원하는 사람이야.'라고 말하는 것이다. 하이파이브는 자신과 접속하고 인정하는 물리적인 행동이다.

내 친구 브리지드는 매일 하이파이브 하는 습관을 들이기 시작하면서 이러한 사실을 알게 되었다고 말한다. "마음속으로 긍정적인 말을 건네는 것과 긍정적인 생각을 행동으로 실현하는 것은 별개의 일이에요. 행동하는 데 큰 의미가 있습니다. 하이파이브는 자기 가치에 대한 진정한 믿음을 강화해준다고요!"

하이파이브는 자신을 신뢰하고 삶에서 승리할 수 있는 능력을 갖추고 있다고 믿게 만든다. 캘리포니아 대학교 연구자들은 NBA 미국 프로농구 선수들의 성공 습관을 연구했다. 그들은 시즌이 시작되었을 때 선수들이 서로 하이파이브나 주먹 맞대기 같은 제스처를 얼마나 자주 주고받았는지 기록했다. 연구자들은 그 기록을 바탕으로 시즌이 끝날 때 어느 팀이 최고 기록을 낼지 예측했다. 연구자들의 예상과 같이 우승한 팀은 시즌이 시작될 때 가장 많은 하이파이브를 주고받은 팀이었다.

그렇다면 어떻게 하이파이브로 결과를 예측할 수 있었을까? 이는 결국 신뢰의 문제로 귀결된다. 계속해서 하이파이브 한 팀들은 서로의 기운을 북돋아주고 있다. 신체 접촉은 "내가 네 뒤에 있어. 우리 해보자. 우린 이길 수 있어."라고 말하는 것과 같다. 하이파이브는 실패한 경기를 잊게 해주기도 한다. 기분이 나아지도록 해주며 신뢰를 주고받는다. 그리고 아직 승리할 가능성이 있다는 사실을 상기시켜 준다. 하이파이브를 많이 하는 팀들은 서로 상대의 능력을 믿는다. 그들은 서로를 신뢰하는 만큼 안정적인 경기를 펼친다. 그들이 공유하고 있는 무언의 힘은 그들이 천하무적이 되도록 돕는다.

반대로 NBA에서 가장 성적이 저조한 팀들은 신체 접촉을 거의 하지 않았다. 그들은 보디랭귀지에는 젬병이었다. 하이파이브는 물론 다른 신체 접촉도 하지 않았다. 그리고 시종일관 이기적이고 비효율적인 플레이를 벌였다. 그들의 기록이 그것을 증명해주고 있었다. 설사 팀 내에 훌륭한 선수들이 있다 할지라도 그것만으로는 역부족이다. 훈련하는 매 순간, 시즌 내내, 최종 우승컵을 거머쥐는 순간까지 하이파이브 했다고 생각해보라. 그렇게 격려하는 분위기가 팀의 기운을 북돋우고 자신이 가진 모든 것을 쏟아붓도록 만드는 것이다. 그것이 모두가 느끼고 싶어 하는 감정이며, 자기 자신과도 그러한 동지애와 기세를 만들 수 있다.

하이파이브가 운동 경기에서만 효과를 발휘하는 것은 아니다. 우리는 일터에서도 누군가가 나를 지지해주고 응원해주기를 원한다. 구글에서 진행한 연구 결과를 살펴보자. 구글은 최고의 팀을 만드는 데 필요한 요소가 무엇인지 알아보기 위해 3년에 걸쳐 '아리스토텔레스 프로젝트'를 진행했다. 연구 결과는 운동 경기의 경우와 동일하게 나왔다. 성과가 좋은 팀은 모든 구성원이 누군가 본인을 신뢰하고 들어준다고 느끼는 팀이었다. 그들은 이른바 '심리적 안정'을 느낀다. 다른 이들이 자신을 지원해주고 응원할 것이라는 느낌을 받는다면 더 높은 회복탄력성과 낙관성을 지니게 된다. 신뢰와 존중의 분위기를 만들 수 있기 때문이다.

또 다른 연구에서는 당신이 일을 즐기는지와 의미 있게 여기는지는 생산하는 제품의 품질, 휴가 일수, 연봉 수준 같은 것에 달려 있지 않은 것으로 나타났다. 행복한 직장 생활을 결정 짓는 가장 중요한 요소는 하이파이브 상사의 존재 여부였다. 하이파이브 상사는 당신이 신뢰할 수 있고 당신을 신뢰하는 사람이다. 당신은 직장에 출근할 때 자신이 중요한 존재로 느껴지기를 원한다. 인정받는 느낌을 원한다. 거울 속의 자신에게 하이파이브 하는 것은 바로 그런 느낌을 자신에게 전달하는 것이다. 직장에서 기분 좋았던 원인이 인정받아서였다면 매일 자신을 인정하면서 하루를 시작해보는 건 어떨까?

뇌 속 배터리를 깨우는
뉴로빅스 훈련

연구 결과들이 하이파이브의 효과를 증명했지만, 나는 거기서 멈추지 않았다. 하이파이브가 정말 변화를 가져온다는 것을 확신하기 전까지는 누구에게도 매일 아침 거울 속의 자신과 하이파이브 하라고 권유하지 않을 생각이었다. 나는 하이파이브가 어떻게 두뇌를 구조적으로 변화시키는지 알고 싶었다. 왜냐하면 바로 내가 경험하고 있었던 일이었기 때문이다. 불과 며칠 만에 내 마음은 스스로 비판하기를 멈추었다. 그에 대한 해답을 찾기 위해 '뉴로빅스neurobics' 연구를 시작했다. 뉴로빅스는 듀크 대학교 신경생리학자이자 연구자인 로렌스 카츠 박사가 고안해냈다. 뉴런과 에어로빅이 합쳐져서 만들어진 단어로 뇌의 건강을 위하여 두뇌를 훈련하는 일이다. 또한 두뇌에 새로운 경로와 연결망을 만드는 가장 쉽고도 강력한 방법이다. 뉴로빅스 운동을 할 때는 일상적으로 반복되는 활동에 다음의 2가지를 추가해준다. 감각과 관련된 뜻밖의 행동과 느끼고 싶은 감정. 그러니 우리는 거울을 보며, 축하받는 감정을 느끼면 된다.

뉴로빅스 운동을 하면 뇌가 집중모드로 바뀐다. 그 행동으로 인해 두뇌가 새로운 습관을 더 빨리 익히도록 일종의 '두뇌 자양분'이 만들어지는 것이다. 이렇게 고양된 상태는 뇌속에서 당신이 느끼고 싶은 감정과 행동을 연결하는 새로운 신경 연결망을 만들어낸다. 예를 들어 어떤 생각을 반복하면서 평소에 사용하지 않는 손으로 양치하면 뇌는 그 메시지에 특히 주의를 기울인다는 것이다. 잘 사용하지 않는 손을 사용하면 뇌가 집중한다. 이를 닦으며 당신이 말하는 내용도 물론 여기에 포함된다. 이와 같은 노력으로 우리 뇌는 우리가 하는 말과 그 말이 불러오는 감정을 정확히 기억한다. 당신이 그 말과 감정을 새로운 신체적 습관과 짝지어놓았기 때문이다.

하이파이브도 이와 비슷한 방식으로 작동한다. 거울에 비친 자신과 하이파이브 할 때 당신의 뇌는 집중한다. 그리고 수십 년 동안 하이파이브를 긍정적인 행위로 떠올려온 덕분에 뇌는 그 긍정적인 연상과 당신의 이미지를 한 쌍으로 간주한다. 우리의 두뇌는 빠른 길을 찾으려는 경향이 있다. 하이파이브 습관은 자기혐오를 자기애로 대체하는 가장 쉽고 빠른 길이다.

내 아들 오클리를 통해 뉴로빅스의 효과를 경험한 적이 있다. 우리 부부는 오클리가 4학년 때 난독증이 있다는 사실을 알게 되었다. 이후 아들을 언어 기반의 학습을 전문으로 하는 캐롤 스쿨에 보냈다. 캐롤 스쿨의 수업을 참관한 적이 있었는데, 선생님은 내게 학교 수업이 MIT 신경과학 연구소와 함께 진행하는 연구 프로그램의 일환이라고 설명했다. 난독증을 앓고 있는 학생들에게 적용하고 있는 훈련은 새로운 신경경로 개발을 촉진하려는 의도로 설계되었다고 했다.

난독증을 가진 아이들은 한쪽 뇌와 다른 쪽 뇌를 연결하는 신경경로의 많은 부분이 아직 형성되어 있지 않다. 캐롤 스쿨에서는 새로운 신경경로를 만들고 심리적 유연성을 자극하기 위해 뉴로빅스 방식을 활용하고 있다. 말하자면 자동차를 움직이게 하는 것과 비슷한 원리다. 두뇌 속에 배터리는 존재하지만 움직이기 위해서는 약간의 뉴로빅스 자극이 필요한 것이다.

캐롤 스쿨에는 작은 전구들이 여러 개 달린 대형 칠판이 있는데, 중간에는 줄이 그어져 있어 칠판이 반으로 나뉘어 있다. 오클리에게 전구 중 하나가 불이 켜질 때마다 손을 가져다 대라고 시켰다. 아주 쉽게 들리겠지만, 여기서 까다로운 부분이 있었다. 오른쪽에 있는 불이 들어오면 왼손을 가져다 대고 왼쪽에 있는 불이 들어오면 오른손을 가져다 대야 했다. '오른쪽 불을 만져야 해.'라는 생각과 팔을 반대 방향으로 움직이는 육체적 행동이 결합해 지적 민첩성을 길러준다. 이 훈련은 새로운 신경 경로를 만들며 아이의 두뇌 구조를 변화시켰다.

스스로에게 친절한가?
항상 자신을 응원하는가?

하이파이브 습관도 이와 비슷하다. 조금 전에 언급한 것처럼, 하이파이브를 여러 번 반복할수록 뇌는 거울에 비친 당신의 모습을 보면서 신뢰와 축하를 떠올린다. 그 결과 점차 자신에 대한 기본적인 인식이 부정에서 긍정으로 바뀐다. 동시에 스스로 비판하는 행동을 중단하도록 무의식을 재설정한다. 나는 거울 속의 나와 하는 하이파이브가 새로운 신경 경로를 만들어 자아 존중감을 강화하도록 돕는다는 것을 확신하게 되었다. 하지만 아직 확실히 하고 싶은 부분이 남아 있었다. 그래서 두뇌가 새로운 정보와 습관을 어떻게 배우는지 설명해줄 수 있는 세계적인 신경과학자 주디 윌리스 박사에게 전화를 걸었다. 그녀에게 나의 하이파이브 습관이 인생을 얼마나 크게 변화시켰는지, 그리고 나의 말을 들은 수백 명의 사람에게도 얼마나 효과가 있었는지 이야기했다.

그녀는 내가 한 간단한 훈련이 긍정적인 자동반사적 행동과 자신에 대한 믿음을 끌어냈을 뿐만 아니라 새로운 신경 경로를 형성했다는 데 동의했다. 하이파이브 습관의 타당성이 입증된 것이다. 반복되는 생각은 기본적으로 당신의 무의식적인 믿음으로 자리 잡게 될 것이기 때문이다. 수년 동안 당신의 무의식에는 아마도 부정적인 생각들이 깔려 있었을 것이다. 곧 언급하겠지만 나의 경우는 모든 것이 내 잘못이며, 누군가가 항상 내게 화를 낸다는 생각이 무의식에 깔려 있었다. 하이파이브 습관은 그러한 기본적인 믿음을 재설정하고, 자신에게 친절해지는 법을 알려준다.

당신의 삶의 질에 의미 있는 영향을 미치는 요소를 꼽는다면 무엇일까? 가장 중요한 변화 요소 중 하나는 **스스로 친절하게 대하는 습관**을 들이는 것이었다. 영국의 허트포드셔 대학교 연구소에서는 행복과 만족감을 느끼게 하는 것이 무엇인가를 연구했다. 그들은 삶을 향상시키기 위해 할 수 있는 모든 종류의 행동과 습관들을 살펴보았다. 운동하기, 새로운 것 시도하기, 인간관계에 신경 쓰기, 타인에게 친절하게 대하기, 자신에게 의미 있는 일 하기, 목표를 향해 노력하기 등 모든 것을 조사했다. 연구는 행복과 만족감을 느낄 수 있게 해주는 첫 번째 예측 변수가 자기수용이라고 결론내렸다. 다시 말해서 자신에게 얼마나 친절하게 대하고 자신을 얼마나 응원해주는가가 행복에 직접적인 영향을 미친다는 것이다.

자신에게 친절하기는 인생을 완전히 바꿀 만큼 강력한 힘을 발휘한다. 하지만 자기수용은 우리가 가장 소홀히 하는 부분이다. 왜 그럴까? 우리 중 누구도 그 방법을 배운 적이 없기 때문이다. 당신은 케일 스무디를 마시고 헬스클럽에 다니고 더 일찍 기상하고 글루텐이 함유된 식품을 끊고 명상을 한다. 그리고는 항상 여전히 부족하다거나 일을 제대로 하지 못했다고 스스로 맹렬히 비난한다. 자신을 비난하는 순간 인생을 바꾸기 위해 했던 노력은 물거품이 된다. 그래서 자신에게 친절하기는 정말 중요한 것이다.

우리는 거울 속에 비친 자신의 모습을 비판하고 자신을 위해 시간 쓰는 것에 죄의식을 느끼는 어머니와 자신의 감정을 좀처럼 표현하지 않고 돈을 얼마나 버는지를 기준으로 자기 가치를 측정하는 아버지 밑에서 자랐다. 우리 부모들은 자신에게 엄격했고, 우리에게도 엄격했다. 엄한 사랑으로 기르는 것이 우리 부모 세대의 양육 방식이었다. 우리는 불행한 상황을 받아들이고 어른스럽게 행동하고 스스로 눈물을 닦도록 훈련받았다. 부모들이 하는 변명 중 최악의 것은 '나도 어릴 때 그렇게 자랐지만 잘 자랐어.'라는 말이다. 자신이 어린 아이일 때 고통받았다면 자녀에게는 그런 일이 일어나지 않도록 최선을 다해야 마땅하다. 그러나 부모들은 그렇게 하지 않는다. 그들은 자신이 양육된 방식을 되풀이했고, 당신도 당신이 양육된 방식을 되풀이하고 있다. 어린 시절 당신의 뇌는 주변의 모든 것을 흡수했다. 그래서 어린아이 때 경험한 것을 반복하려는 당신의 무의식적 동기가 작동할 수밖에 없다.

다행스럽게도 패턴은 깨질 수밖에 없다. 이제는 이렇게 세대를 이어 반복되어온 악순환의 고리를 깨뜨려야 할 때다. 자신에게 엄격한 것이 바람직하지 못해서 뿐만 아니다. 연구 결과에 따르면 자신에게 엄격하게 대하는 행동이 오히려 원하는 것과 반대의 효과를 낸다. 자신을 엄격하게 대하는 행동은 당신을 폐쇄적으로 만든다. 패배감을 느끼게 하고 좌절시킨다. 이것이 당신이 진퇴양난에 빠져 있다고 느끼는 이유다. 행복하고 만족스러운 삶을 살기 위해서는 자신에게 조금 더 친절해져야 한다. 그리고 그것은 매일 친절한 행동을 실천하는 것에서 시작된다.

'유해한 긍정성'에서
벗어나라

긍정적인 사고만으로 삶을 변화시킬 수 있다면, 이미 그렇게 했을 것이다. 다음 이야기로 넘어가기 전에 이 부분을 아주 명확히 해두고 싶다. 하이파이브 습관은 거짓 칭찬이나 긍정적인 사고를 강요하는 것이 아니다. 이 책에서 전하고자 하는 말은 비협조적인 자신과의 관계에 계속 갇혀 있게 만드는 무의식을 바꾸자는 것이다. 당신은 새로운 삶에 도달하는 길을 스스로 생각해낼 수 없다. 새로운 삶으로 이어지는 길이 그저 주어지기를 바랄 수도 없다. 인생이 달라지기를 원한다면 다르게 행동하고 다른 결정을 내려야만 한다. 새로운 습관을 훈련해야 한다. 긍정적인 생각은 잠깐 기분을 좋아지게는 할 수 있다. 하지만 나는 삶에 긍정을 주입하려고 노력해도 여전히 정체된 사람들을 수도 없이 많이 봐왔다.

우리가 마주하고 있는 장애물은 실존하는 것이며, 그들 중 일부는 극복하기에 너무 버겁다. 끔찍한 상황을 보고서 그것이 멋지다고 말할 수는 없을 것이다. 그런 것은 '유해한 긍정성'이고 이 책은 그걸 강요하는 것이 아니다. 심각한 문제나 유년기의 트라우마, 제도적인 불평등, 차별, 학대, 인생에서 겪는 어려운 경험들을 좋은 것처럼 포장할 수는 없다.

나는 수년간 법률구조협회에서 형사 전문 변호사로 일했고 가난과 차별이 어떻게 사람들을 의도치 않은 길로 내모는지 직접 목격했다. 삶은 잔인하고 불공평할 수 있다. 당신의 문제가 단순히 당신을 화나게 만드는 것이든, 아니면 당신의 영혼과 정신을 짓밟는 것이든, 그들은 당신이 앞으로 나아가지 못하도록 정체시킨다. 당신이 아니고서는 그 누구도 당신 입장이 어떤지 알지 못한다. 그래서 자신에게 친절히 대하고, 자신에게 사랑과 지지, 축하를 주는 것을 연습해야 한다.

당신에게는 당신의 삶을 변화시킬 힘이 있다. 이미 일어난 일은 바꿀 수 없지만, 다음에 일어날 일은 선택할 수 있다. 과거가 아주 형편없었다 할지라도 당신은 여전히 새로운 미래를 창조할 수 있다. 당신의 습관이 자기 파괴적이거나 저지른 실수가 처참한 결과를 가져왔었다 할지라도 괜찮다. 당신은 앞으로 일어날 일을 바꿀 수 있다. 물론 지금 당장 직면한 문제들을 바꿀 수 있는 것은 아니다. 하지만 '당신'을 바꿀 수는 있다. 하이파이브는 당신이 삶에서 부딪히는 많은 상황들에 맞설 수 있도록 무장시켜준다. 끔찍한 하루를 보낸 다음 날이든, 남자친구와 헤어진 다음 날이든, 해고당한 다음 날이든, 아니면 젠처럼 다섯 번째 항암 치료를 받는 아침이든 그 상황에 맞설 힘을 준다.

젠은 이렇게 말한다. "암을 이겨내기 위한 싸움의 99%는 올바른 마음가짐을 유지하는 거예요. 우리는 항상 주변 사람들을 걱정하고 그들에게 힘과 용기를 북돋우려고 노력하지만 정작 자신을 격려하는 것은 잊어버려요. 그래서 저는 거울을 보면서 '넌 할 수 있어.'라고 응원하는 것이 너무 좋아요. 이번 항암 치료는 고생을 많이 했어요. 그래서 용기를 북돋우기 위해 저와 하이파이브를 하죠. 나를 응원하는 치어리더가 되려고요. 저는 이렇게 제 삶에 대해 주도권을 쥐고 앞으로 나아가기 위해 삶의 긍정적인 빛이 되려고 노력합니다."

아직도 확신이 서지 않는가? 일단 실천해보라. 같은 말을 자꾸 반복하는 것 같겠지만 거울 속의 자신을 보라. 매일 아침 자신을 바라보고 스스로 응원하며 손을 들어 올리기를 습관화하는 것은 자신과 새로운 관계를 형성하는 첫걸음이다. 이것이야말로 당신에게 있어 가장 소중한 인간관계이다. 자신과의 관계는 다른 모든 관계와 당신이 내리는 판단을 형성한다. 자기의심과 자기비판을 자기수용과 자기애로 대체한다면 삶은 변화할 것이다. 그렇다면 이를 습관화해보는 것이 어떤가?

Q. 자신과의 하이파이브는
어떻게 시작하는 게 좋은가?

매우 간단하다. 아침에 일어나 휴대폰이나 뉴스를 보기 전, 거울에 비친 자신의 모습을 바라보는 시간을 가져보라. 당신은 화장실에서 나오는 순간 다른 이들에 관한 정보를 받아들여야 할 것이다. 각종 메시지와 직장에서 일어나는 일들, 혹은 아이들 뒷바라지 때문에 정신 산만해지기 쉽다. 하지만 매일 아침 화장실에서 거울을 보는 시간은 오로지 당신을 위한 시간이다. 이는 간단하면서도 강력한 효과를 발휘하는 2단계로 이루어진다.

1. 잠깐 거울 앞에서 자신과 함께하는 시간을 가진다.

이때 외모에 집중해서는 안 된다. 자신을 더 깊숙이 바라보라. 외면 안에 존재하는 사람을 보라. 살갗 아래 존재하는 정신과 얼굴 뒤에 존재하는 영혼을 보라.

2. 준비되면 거울 속의 자신과 하이파이브 한다.

마음이 고요해지는 것을 지켜보라. '괜찮을 거야.'라는 편안한 감정을 느끼고 '할 수 있다.'는 생각이 든다. 이는 아주 강력한 힘이 작동하는 순간이다. 입도 뻥긋하지 않았지만, 당신은 자신에게 "너를 사랑해.

너를 보고 있어. 널 믿어. 우리 해보자."라고 말하고 있다. 그래도 너

무 서두르지는 말 것. 그 느낌을 편안히 즐겨라. 그 순간은 당신을 위

한 것이니까.

PART 2

나의 오늘은 늦지 않았다

3장

세상에서 나를 제일
미워하는 사람

자신에게 건네는 말,
자신을 대하는 태도

나는 이 책을 집필하던 중 딸아이에게서 문자 메시지를 하나 받았다.

'친구들과 있을 때 내가 가장 못생겼다고 느끼지 않으려면 어떻게 해야 돼?'

이런 메시지를 받으면 정말 가슴이 내려앉는다. 딸아이의 시각을 바꿀 수 없다는 걸 잘 알기 때문이다. 물론 시도는 해보았다. 딸에게 너의 내면과 외면 모두 아름답다고 말해주었다. 나는 딸아이의 장점을 쉴 새 없이 나열할 수 있다. 사랑이 넘치는 언니이자 친구인 것을 칭찬해줄 수 있다. 엄마이자 라이프코치로서 슬퍼하는 딸에게 세상 모든 '입에 발린 말'을 해줄 수 있다. 하지만 내 생각이 어떻든 그건 중요치 않다. 딸에게 중요한 것은 '엄마의 생각'이 아니기 때문이다.

당신 역시 이런 일을 경험했을 것이다. 당신은 사랑하는 사람의 모든 장점을 쏟아낼 수 있지만, 당신이 뭐라고 말하든 그들이 자신에 대해 믿는 바를 바꾸지는 못한다. 그 말을 들은 순간에는 기분이 좋아질지도 모른다. 하지만 곧 그 말을 진실로 받아들이지 않고 거부해버린다. 스스로 문제가 많다는 생각을 해왔기에 그 생각이 잠재의식 속에 각인된 것이다.

항상 부족한 부분에만 집중하면 결코 행복해질 수 없다. 자신이 뭔가 모자란다고 생각한다면 거울 속의 자신과 하이파이브 하라는 말이 바보 같고 가식적으로 들릴 것이다. 스스로 모자란다고 생각하는 부분을 고치지 않는 한 축하받을 자격이 없다고 믿기 때문이다. 당신에게 자신을 축하하는 것은 물구나무서기를 하거나 발로 음식을 먹는 것만큼 생소한 개념이다. 그래서 뇌가 무의식적으로 거부하는 것이다. 당신의 삶과 행복은 당신의 마음속에서 시작되고 끝난다. 자신에게 건네는 말, 자신을 대하는 태도, 그리고 반복해서 하는 생각 그 모든 것이 중요하다.

잠재의식이 어떻게 작동하는지 확인하고 싶은가? 그렇다면 거울 속의 자신을 바라보라. 아니면 누군가가 사진을 찍어준다고 할 때 당신의 반응을 주의 깊게 살펴보라. 우리 아이들은 내가 거울을 볼 때마다 '거울용 표정'을 짓는다며 놀리곤 했다. 나는 내가 그런 표정을 짓는지 몰랐다. 나의 경우 거울을 볼 때 입술을 살짝 오므리는 경향이 있다. 우리 아이들이 끊임없이 나를 놀리는 바람에 알게 된 사실이다. 이는 거울에 비친 내 모습이 조금이라도 더 예뻐 보이고 싶어 무의식적으로 나타나는 반응이다.

인간은 모두 자동반사적 사고를 한다. 자주 생각하는 것들은 바퀴자국이 나 있는 길처럼 기본 전제로 자리 잡게 된다. 의도적으로 행동이나 생각을 바꾸면 당신이 평소에 가지고 있는 행동과 생각을 바꾸는 것이 된다. 이렇게 의도적인 변화에 뇌가 적응하고 반응하며 변화하는 성질을 '신경가소성'이라 부른다. 지금 우리에게 기본적으로 장착된 사고방식은 우리가 부족하다고 생각하는 부분에 지나치게 집중하도록 만들고 있다. 하지만 좋은 소식은 그것을 바꿀 수 있다는 것이다.

어쨌든 나는 이제 겉모습에 집중하지 않기 때문에 3개월 이상 거울용 표정을 짓지 않았다. 나는 있는 그대로의 '나'를 본다. 자신의 몸을 싫어하면서 동시에 수용하고 사랑할 수는 없다. 거울을 보고 자신이 바꾸고 싶다고 느끼는 부분에 집중하면 그것은 하이파이브와는 완전히 반대되는 행위이다. 연구에 따르면 약 91%의 여성들이 자신의 신체에 대해 불만족스럽게 생각하며, 방송 매체가 쏟아내는 이미지가 영향을 끼치는 것으로 나타났다. 끊임없이 자신의 외모를 바꾸기를 원한다면, 당신의 존재는 당신에게 뭔가 문제가 있는 것처럼 느낄 것이다.

삶의 에너지를 갉아먹는
자기비판

당신은 자기비판을 중단해야 한다. 또한 스스로 사랑하는 방법을 배워야 한다. 뭔가를 싫어하는 마음으로 변화를 도모할 수는 없다. 하이파이브 습관이 도움을 줄 수 있는 부분도 바로 이 부분이다. 하이파이브 습관은 자신을 친절함의 시선으로 바라보는 법을 알려준다. 자신에게 어떻게 말을 건네면 되는지부터 알려준다. 거울 속의 자신을 있는 그대로 수용하고 축하와 지지받을 자격이 있는 사람이라 생각한다면 타고난 의욕과 축하하고자 하는 마음을 회복하게 될 것이다. 그래야만 하는 3가지 이유를 살펴보자.

1. 부족한 부분에 집중하면 결코 변화할 수 없다

부족한 부분에 집중하는 태도를 보이면 당신이 바꾸고 싶어 하는 것을 상기시켜 모든 일이 더 힘들어진다. 이것이 다이어트에 성공하지 못하는 이유다. 운동이나 다이어트가 처벌로 느껴지기 때문이다. '다이어트를 한다는 것'은 당신에게 뭔가 문제가 있다고 생각하게 된다. 당신이 있는 그대로 괜찮고 사랑스럽고 아주 훌륭하다고 느낄 수 없게 만든다.

2. 자신을 미워하는 마음은 동기부여 해주지 못한다

자신을 비난하면 동기부여가 더 어려워진다. 먼저 자신을 있는 그대로 사랑하고 수용해야 한다. 무엇이 당신을 이 순간으로 이끌었든 자신을 용서하고 자기애와 자기 가치를 키워야 한다. 자신을 미워해서가 아니라, 사랑하기 때문에 하이파이브 하고 있다는 사실을 스스로 상기시킬 때 하이파이브 정신은 매 순간 당신을 지지한다.

3. 반복을 거듭할수록 더 많은 증거를 보게 된다

자신과 맺고 있는 관계는 당신을 자유롭게 풀어줄 수도 꼼짝 못 하게 가둘 수도 있다. 생각 속에서라도 어떤 일이 계속해서 반복적으로 일어나면 그 생각은 뇌에 홈을 남긴다. 그 홈은 당신이 늘 다니는 익숙한 길이 되는 것이다. 익숙한 풍경과 익히 잘 아는 길 말이다. 그 길은 당신이 자신을 인식하는 일부가 된다. 이 모든 이야기를 자신에게 들려줌으로써 생각이 믿음으로 바뀌고 시간이 흐르면서 믿음이 자신에 대한 정체성으로 바뀌는 것이다.

'나에게 뭔가
문제가 있다'라는 느낌

사실 내가 가르쳐주려고 하는 것들은 이미 당신 안에 존재한다. 우리는 태어날 때부터 '자기애'를 가지고 있다. 아기였을 때 당신은 자신의 모습을 좋아했다. 거울 속 자신과 하이파이브 하는 정도에 그치지 않았다. 거울에 비친 자신의 모습에 얼굴을 비비며 미소 짓고 웃음을 터뜨리는가 하면 입을 벌리고 거울을 침투성이로 만들기도 했다. 당연하다. 당신은 영원히 이 세상에 유일무이한 존재다. DNA, 지문, 목소리, 홍채 등 이 모든 것이 완전히 유일무이하게 당신의 것으로만 존재한다.

회복탄력성은 당신의 DNA에 이미 새겨져 있다. 당신은 주변 사람들의 행동을 보기만 하고도 옹알이하고, 웃고, 기어다니고, 앉고, 결국 걷기까지 모든 방법을 터득했다. 걸음마를 배우며 수도 없이 넘어졌다 해도 상관없다. 당신은 그저 계속 도전했다. 그와 같은 끈기는 여전히 당신 안에 존재한다.

당신만이 보유하고 있는 고유한 재능은 그야말로 경이로움 그 자체다. 기억이 잘 나지 않겠지만, 기는 법을 배웠을 때를 최대한 생각해보라. 딱 1번 시도해보고 포기하진 않았을 것이다. 바닥에 누워 침울하게 천장을 응시하며 '그냥 이렇게 사는 거지, 뭐. 패배를 인정하자. 난 절대로 다시 기려고 하지 않을 거야. 여기 이 깔개 위에서 이렇게 살아야지.'라고 말하지 않았다. 당신은 다시 시도했다. 그리고 말을 할 줄 모르기에 왜 단번에 안 되는지, 뭐가 부족한지, 혹은 자신에게 실망스러운 말을 던질 수도 없었다. 그렇게 계속 도전해서 결국은 기어가는 데 성공한 것이다.

그리고 축하 또한 당신의 유전자에 새겨져 있는 것이다. 어린아이였을 때 당신은 뭔가 흥미롭고 새로운 것에 성공할 때마다 웃고 소리 지르고 머리 위로 두 팔을 번쩍 들어 올렸다. 여기에 음악까지 나온다면 엉덩이를 좌우로 흔들며 여기저기 펄쩍펄쩍 뛰어다니기도 했다. 당신은 사랑받고 기쁨을 누리고 축하받도록 완벽하게 설계되었다. 그래서 일면식도 없는 사람과 하이파이브 해도 기분이 좋은 것이다. 그 행동이 당신의 내면 깊숙이 파고들어 진정한 '당신'을 건드리기 때문이다. 잊고 있었던 그 무엇을 떠오르게 만들기 때문이다. 당신이 진정 누구이며 어떤 감정을 느껴야 하는지 말이다.

그렇다면 행복했던 내게 도대체 무슨 일이 일어난 것일까? 간단하다. 삶이 당신을 가만히 놔두지 않았기 때문이다. 당신의 삶에는 아주 어린 시절부터 끊임없이 흙먼지가 일었다. 인생의 모든 좋은 일과 나쁜 일들이 세탁기 속의 빨래 더미처럼 뒤엉켜 있었다. 앞서 언급했듯이 당신은 완벽하게 태어났다. 그러다 학교에 가고 친구를 사귀고 그곳에 적응하려고 노력하던 중 '나에게 뭔가 문제가 있다.'라는 것을 느끼게 된다. '나에게 뭔가 문제가 있다.'라는 느낌은 전 세계 누구에게나 일어난다. 심리학자들은 그것을 '소속감 붕괴'라고 부른다. 당신은 가족이나 또래, 동네, 세상과 맞지 않다고 느끼기 시작한다. 그리고 그와 같은 느낌은 또 다른 소속감 붕괴, 즉 자기 자신에 대해서도 소속감 붕괴를 불러온다.

그러한 상황은 수만 가지의 저마다 다른 이유로 인해 발생한다. 자라면서 전학을 여러 번 다니게 되어 항상 외톨이처럼 느껴졌을 수도 있다. 또래보다 뒤떨어져 멍청이라는 꼬리표를 달고 다녔을 수도 있다. 어쩌면 외모나 말투, 행동에 대해 놀림을 받았을 수도 있다. 아니면 어머니가 끊임없이 살 빼라고 잔소리를 퍼부어 체육 시간에 옷 갈아입는 것을 창피하게 생각했을 수도 있다.

가정이나 학교 친구들, 혹은 세상이 당신 스스로 문제가 있다고, 사랑받을 가치가 없다고 느끼게 했다. 당신은 그것을 믿게 되는 것이다. 이런 상황은 우리 모두에게 일어난다. 이런 종류의 트라우마를 경험하지 않고 성인이 되는 사람은 없다. 당신이 가지고 있었던 유일한 선택지는 살아남기 위해 노력하는 것이었다.

어린아이는 어떤 일을 겪게 되면 그 일을 처리할 만한 인생 경험이나 지원 체계가 없다. 신경계에서 그것을 흡수해 대응패턴과 사고체계를 형성할 뿐이다. 유일한 선택지는 온 힘을 다해 이겨내는 것이다. 충격적이거나 폭력적인 스트레스 상황에서 아이는 '내 주변의 어른들이 심각하게 힘든 상황에 놓여 있군.'이라고 생각하거나 '이건 불법이니 경찰에 신고하겠어.'라고 생각하지 않는다. 이럴 때 아이들은 자신의 잘못이라고 생각한다.

내가 9살의 나이로 성추행을 당했을 때 그랬었다. 나는 그것을 내 잘못이라고 생각했다. 우리 아들이 여름 캠프에서 무자비하게 따돌림을 당했을 때도 그랬다. 아이는 고통을 숨기고 자신을 탓했다. 당신도 분명 당신이 살아낸 삶 속에서 자신을 탓했으리라 생각한다. 비판적인 부모가 있든, 이혼한 부모가 있든, 날마다 미묘한 차별을 겪든, 신체적 학대를 겪든, 당신은 이 모든 걸 자신의 탓으로 돌렸다. 이는 인간 설계의 엄청나게 큰 오류라 할 수 있다. 상처를 준 사람들을 탓하는 것이 아니라, 자신을 탓하며 내게 뭔가 문제가 있는 것임이 분명하다고 생각하니 말이다. 그리고 부모로서 인정하고 싶

지는 않지만, 우리는 의도치 않게 자녀에게 그러한 메시지를
자주 전달하고 있다.

약점과 사랑에
빠지는 것

하고 싶지 않은 이야기를 해야 할 것 같다. 내가 형
편없는 엄마로 느껴지는 이야기이기 때문이다. 그런데도 이
야기하는 이유는 이것이 자녀에게 '너를 표현하는 방식에 뭔
가 문제가 있어.'라는 메시지를 확실하게 전달하고 있는 사례
이기 때문이다. 나의 아들 오클리는 6학년 때 머리 끝부분을
파랗게 염색했다. 파란 머리를 한 게이머의 팬이었기 때문이
다. 아이는 아주 마음에 들어 했다.

그리고 오클리가 7학년이 되었을 때 전학을 갔다. 등교할
날짜가 다가오자 나는 아들이 전학 첫날부터 파란 머리를 하
고 가면 다른 아이들이 심술궂게 굴까 봐 걱정됐다. 7학년이
라는 시기에 전학생이 되는 것은 결코 쉬운 일이 아니다. 하
물며 파란 머리로 등장하는 것은 어떻겠는가.

나는 몇 주 동안 아들에게 머리를 자르는 것이 어떻겠냐고

설득했다. 그게 싫다면 파랗게 염색한 머리끝이라도 잘라내 자고 했다. 그러나 아이는 파란 머리에 대해 전혀 신경 쓰지 않았다. 나만 신경 쓸 뿐이다. 학교에 갈 날이 가까워지자 누나들도 가세했다. "오클리, 전학 첫날 파란 머리로 등교하는 건 별로 좋지 않은 거 같아. 네가 연예인이라도 되면 모를까. 너무 튀는 것 같은데?" 그러자 오클리는 이내 수긍하고는 머리를 약간 다듬었다. 자신을 위해서가 아니라 우리를 안심시키기 위해 그렇게 해준 것이었다.

어릴 때 사람들은 당신에게 무엇을 해야 한다거나, 당신이 해주기 원하는 일을 하라고 말한다. 그러면 당신은 엄마를 기쁘게 해드리기 위해, 혹은 인기 있는 친구들과 어울리기 위해, 아니면 선택의 여지가 없기에 순순히 응한다. 당신의 내면에는 사랑과 수용도 일종의 거래라는 생각이 각인되어 있다. '엄마가 하라는 대로 해야만 나는 너를 사랑할 거야.'라는 조건부 거래인 것이다. 생각해보면 그것이 바로 당신이 자신에게 사랑을 주지 않는 이유이다. 당신은 그것을 유년 시절의 경험에서 배운 것이다.

우리 아들의 사례를 돌아보면 나는 줄곧 아이에게 '엄마가 만족하는 너의 모습만을 받아줄 거야.'라는 뜻을 전달하고 있다. 그러나 실제로는 정반대의 감정이었다. 나는 솔직히 아이의 머리 모양이 마음에 들었다. 하지만 또래 아이들이 파란 머리를 한 오클리를 받아줄지가 의문이었다. 나는 아이가 새로운 환경에서 순조롭게 시작하길 바랐다. 하지만 오히려 아들이 자신의 선택에 확신을 가질 수 없게 만들었고, 내가 아들을 있는 그대로 받아들이고 사랑하는지 의문을 품게 했다. 처참한 기분이었다. 이것이 우리가 믿고 있는 아주 커다란 오류의 핵심이라는 사실을 알고 있기 때문이다. 남들이 당신을 어떻게 생각하는지가 당신이 자신을 어떻게 생각하는지보다 더 중요하다는 것이다. 우리는 이 허튼소리를 평생 믿어왔다. 사랑하는 사람들이 그것을 믿도록 가르쳤기 때문이다.

당신과 나 그리고 주변의 모든 이들에게 일어난 일이다. 당신은 외모와 직업에 대해, 그리고 궁극적으로 당신이 누구인지에 대해서도 의문을 제기하기 시작했다. 그렇게 해서 진정한 자신과의 연결이 가로막힌 것이다. 이것이 당신이 거울 앞에 서면 자신의 단점만을 짚어 내게 된 이유이다. 외모 때문에 고통받고 있는 이들이라면 지금 당장 자신의 모든 부분에 감사하는 것부터 시작해야 한다. 자신을 비난하고 자책할 때는 내가 아들을 대한 방식으로 자신을 대하고 있는 것과 다름없다. 자신에 대한 사랑이 거래인 셈이다. 자신을 인정할 때까지 사랑 주기를 보류하고 있다. 이는 아주 형편없는 삶의 방식이다.

당신은 자신에게 필요한 자격을 갖추기 위해 아무것도 바꿀 필요가 없다. 그저 자신을 인정해주기만 하면 된다. 앞으로 거울 앞에 서게 된다면 자신의 단점을 낱낱이 파헤치지 말도록. 스스로 패배감과 거부당했다는 느낌, 좌절감만 느끼게 될 뿐이다. 그리고 그런 느낌은 그날 하루 종일 당신이 무엇을 생각하고 어떤 기분일지를 좌우한다. 그보다는 자신에게 감사할 만한 자질을 찾는 것으로 매일 아침을 시작해보는 것은 어떨까. 당신이 외면하기 쉬운 세밀한 부분들과 강점 말이다. 당신의 몸이 어떻게 당신을 보살펴왔는지 생각해보자.

당신의 튼살 자국은 사랑스러운 자녀들을 낳았다는 자랑스러운 표식이다. 당신에게는 아무런 문제가 없다. 현재 삶의 모습이 불만일지도 모른다. 그렇게 힘들었음에도 당신은 지금 이 자리까지 온 것이다. 여전히 회복력과 강인함을 가지고 여기에 서 있다. 매일 아침 일어나 배우고 성장해 더 나은 사람이 되기 위해 스스로 채찍질하면서 말이다. 솔직히 그런 모습은 아주 멋져 보인다.

나는 조던이 자신과 하이파이브를 시작한 이후 내게 한 말이 아주 인상 깊었다. "자기애는 자신을 바로잡으려다가 생기는 경우가 많아요. 그렇지만 하이파이브 하는 건 그렇지 않죠.

진정한 자기애란 바로잡고자 했던 자신의 약점들과 사랑에 빠지는 것이란 걸 깨닫게 되었어요. 그래서 저는 거울을 보며 저와 하이파이브 하는 게 너무 좋아요." 당신에겐 사랑스러운 부분이 너무 많다. 그 속으로 푹 빠져들어 보라.

'독이 되는 문장'에서 멀어져라

자기수용의 엄청난 힘을 이해하기 위해서는 심리학자들이 '기본적인 정서적 욕구'라고 칭하는 것을 먼저 살펴봐야 한다. 기본적인 정서적 욕구는 성공하기 위해서 모든 사람에게 필요하다. 인간에게는 기본적으로 충족감, 행복, 생존에 기본적으로 필요한 욕구가 존재한다. 우리는 물, 식량, 산소, 주거지, 수면이 필요하며 없으면 살아갈 수 없다. 또한 친구도 필요하며 없으면 외로움을 느낀다.

한 인간으로서 성장하고자 하는 기본적인 욕구도 가지고 있다. 그 욕구가 충족되지 않으면 무력감에 괴로워할 것이다. 당신은 스스로 가지고 있는 가장 핵심적인 3가지 정서적 욕구가 무엇인지 잘 모른다. 바로 누군가가 날 봐주고, 누군가에게 유일한 존재로 사랑받고, 누군가 내 말을 들어주길 바라는 욕구다. 이러한 정서적 욕구가 충족되지 못하면 무시당하고 충족되지 못한 느낌을 받을 것이다.

이 3가지 정서적 욕구는 유년 시절에 충족되지 못한 경우가 많다. 그리고 어른이 되어서도 그 욕구를 충족시킬만한 계기가 없다. 그런 우리 인생은 자기 비판적으로 흐르게 된다. 그때부터 지나치게 의기소침해져서 일을 그르치며 살아온 것이다. 지금 필요한 것은 자신과의 깊은 연결성이다. 끊임없이 이어지는 일들로 너무 바쁘게 뛰어왔기에 얼마나 큰 변혁이 일어나는지 지금은 이해하기 힘들 수도 있다. 하지만 곧 깨닫게 될 것이다. 하이파이브는 모든 인간의 행복한 삶을 좌우하는 가장 중요한 정서적 욕구를 충족시켜준다.

당신의 존재는 인정받고 축하받아 마땅하다. 당신은 100만 분의 1이라는 확률을 뚫고 태어났다. 당신의 어머니가 100만 개의 난모 세포를 가지고 있었기 때문이다. 최근 과학자들은 난자가 2억 5,000만 개의 정자 중 어느 정자와 결합할지 까다롭게 결정한다는 사실을 밝혀냈다. 만약 당신을 창조한 난자가 다른 정자를 선택했다면 당신은 태어나지 못했을 것이다. 아마 다른 사람이 이 책을 읽고 있었을지도 모르겠다.

전문가들은 정자와 난자가 만나 인간이 태어날 수 있는 확률을 400조분의 1로 계산했다. 그것조차도 정확한 수치는 아니다. 지칭할 단어가 없는 아주 엄청난 숫자 대 1이라고밖에는 표현할 길이 없다. 따라서 당신이 태어난 것은 기적이나 마찬가지다. 유일하고 특별한 존재는 누군가가 봐주고 이야기를 들어주어야 마땅하다. 이러한 정서적 욕구의 충족은 음식과 물처럼 건강한 삶과 행복을 위해 반드시 필요하다.

그렇다면 당신을 인정해줘야 할 가장 중요한 사람이 누구인지 알고 있는가? 바로 '당신'이다. 그 때문에 매일 아침 거울 속 자신을 마주하는 순간이 아주 중요한 것이다. 자신과 하이파이브는 단순 동작의 의미를 훨씬 뛰어넘는다. 하이파이브는 에너지를 전달하는 행위다. 자신과의 동맹을 상징하며 자신에 대한 확고한 믿음을 나타낸다.

당신은 자신이 이룬 성취를 축하해야 하는 게 아니다. 있는 그대로의 자신을 축하하라. 당신은 하이파이브 받을 가치가 있다. 당신의 존재, 희망, 꿈, 사랑에 대한 수용 능력, 치유하고 변화하고 성장할 수 있는 능력, 마음…. 이 모든 것들이 당신을 축하받을 가치가 있는 사람으로 만든다. 당신은 거울 속의 자신과 하이파이브 하면서 자신의 근본적인 정서적 욕구를 충족시킬 수 있다. 부모, 친구, 배우자, 상사가 해줬으면

했던 모든 말들을 자신에게 하나의 행동으로써 보여준다. 하이파이브는 다음의 메시지를 전달하고 있다.

> **자신감** 나는 너를 믿어.
> **축하** 넌 아주 훌륭해.
> **인정** 나는 너를 보고 있어.
> **긍정** 너는 이걸 할 수 있어.
> **행동** 넌 할 수 있어, 계속해.

이 모든 감정을 한꺼번에 느낄 수 있다면 정말 환상적이지 않을까? 마치 평생 죽지 않을 것처럼 느껴질지도 모르겠다. 말 그대로 너무나 놀라운 일이다. 어쩌면 당신의 잠재의식을 날려버릴지도 모른다. 잠재의식은 아직 당신으로부터 그 모든 달콤하고 부드러운 사랑을 흡수하도록 프로그램되어 있지 않기 때문이다. 하지만 곧 그렇게 될 것이다. 이제는 자기인정, 자기애, 자기수용이 세상에서 가장 강력한 동기 요인이라는 사실을 알게 되었으므로 앞으로 어떻게 해야 할지도 짐작할 것이다.

그렇다면 어떻게 생각을 바꿀 것인가? 그 첫 번째 단계는 당신을 끌어내리는 기존의 사고방식을 알아채는 것이다. 그것이 무엇인지 모르겠다면 다음 문장이 힌트가 될 수 있겠다.

'나는 충분히 _____ 않아'

빈칸에는 당신이 생각하는 말이면 무엇이든 넣을 수 있다. 자, 그럼 빈칸을 채워 독이 되는 문장을 만들어보자. 나는 충분히 똑똑하지 않아, 충분히 잘나지 않아, 충분히 키가 크지 않아, 충분히 돈이 많지 않아, 충분히 성공적이지 않아, 충분히 재능 있지 않아 등 부족한 부분이 무엇이든 말을 만들 수 있다.

이런 생각을 하는 것 자체가 독을 마시는 것과도 같다. 당신의 영혼과 갈망을 말살한다. 하이파이브가 상징하는 인정, 자신감, 축하, 긍정, 행동과는 완전히 반대되는 생각이다. 이런 생각은 당신을 심적으로 끌어내린다. 생각만으로도 앞으로 나아갈 수 있는 능력을 마비시킬 수 있다. 그리고 가장 중요한 사실은 이러한 생각을 할 때는 그 누구와도 하이파이브하고 싶지 않다는 것이다. 특히 자기 자신과는 더욱 그렇다.

Q. | 왜 일어나자마자 해야 하는가?

하루의 시작을 하이파이브로 해야 하는 이유는 다음과 같다.

1. 하루 동안 어떤 모습으로 비칠지를 결정한다.

아침에 일어나자마자 긍정적인 기운을 만들어낼 수 있다. 연구에 의하면 아침의 기분이 나머지 하루 동안의 생산성에 큰 영향을 미친다. 하이파이브는 전염성이 강한 에너지를 만들어준다. 글로리아는 이렇게 말했다. "저는 고등학교 때 치어리더였어요. 그래서 옛날 응원가를 불렀죠. 그랬더니 미친 여자처럼 자지러지게 웃음이 터져 나오지 뭐예요. 저는 76세의 젊은 나이랍니다! 기분이 정말 죽여줘요."

긍정적인 기분으로 하루를 시작하면, 남녀노소 불문하고 더 활동적으로 바뀐다. 행동은 결과를 낳는다. 삶에 가속이 붙고 당신 주변의 가능성에 초점을 맞추게 되기 때문이다. 하이파이브는 기본적으로 당신의 엔진에 출력 강화 장치를 장착시킨다.

2. 잠에서 깨어나는 순간부터 당신의 요구를 우선시하도록 가르친다.

니나가 말해 준 통찰은 정말 마음에 들었다. "다른 사람들은 하루 종일 격려해줄 수 있으면서도 왜 자신을 격려하는 시간은 내지 못할까

세상에서 나를 제일 미워하는 사람

요? 당신은 존재 자체로 이미 충분해요. 자신을 사랑하고 수용하는 법을 배우세요! 그리고··· 이건 아시나요? 자신이 들어야 할 말이 바로 '나는'과 '나를'이라는 것을요. 하이파이브는 타인을 저보다 우선시하고 있다는 사실을 깨닫게 해주었어요." 아침에 일어나서 무언가를 하기에 앞서 잠시 시간을 내어 남에게 행하는 것과 똑같은 사랑, 지원, 관심을 자신에게 쏟아보라.

4장

그럼에도 불구하고
앞을 보며 가야 한다

내가 정말 나쁜 사람이라는
생각이 들 때

며칠 전 가족 외식을 한 날 딸이 룸메이트와 겪고 있는 마찰을 토로했다.

"항상 나만 나쁜 사람이 되는 것만 같아. 무슨 말을 하든 상관없이 말이야. 내가 신경 쓰이거나 불편한 부분을 이야기할 때마다 결국은 내가 잘못하고 있는 것 같은 느낌이 들어. 그런 일이 여러 번 반복되다 보니 스스로 이기적이라고 자책하게 돼. 나는 걔랑 1년 내내 그렇게 살았어. 이젠 어떻게 하면 이렇게 생각하지 않을 수 있는지 잘 모르겠어."

남편은 아이를 위로해 주려고 애썼다.

"넌 나쁜 사람이 아니야. 네가 나쁜 행동을 했을지도 몰라. 하지만 그렇다고 나쁜 사람인 건 아니란다. 잘못을 저지르지 않는 사람은 없어. 그러면서 배우는 거지. 스스로 나쁜 사람이라는 자책은 하지 않겠다고 약속해다오."

그리고 그는 이어서 이렇게 말했다.

"사업이 실패한 후 아빠는 완전히 망했다고 생각했단다. 동업자는 그 실패를 어쩔 수 없이 따라오는 위험 요소쯤으로 받아들이는 것 같았어. 하지만 아빠는 그럴 수가 없었어. 내가 실패한 것으로 받아들였지. 어느 부분에서나 다 그렇게 보였어. 너희들에게도 충분히 좋은 아빠가 아니었고, 너희 엄마에게도 좋은 남편이 되어 주지 못했지. 무엇 하나 제대로 한 게 없었어. 계속 생각하다 보면 정말 그렇게 믿게 돼. 수치심은 마치 어두운 선글라스와도 같아서 네가 바라보는 모든 것들을 어둡게 만든단다."

그러자 딸아이는 이렇게 말했다.

"음… 나도 비슷한 경험이 있어. 나는 항상 다른 친구들이 더 재능 있고 멋있어 보여. 그들이 음악 하는 사람으로서 훨씬 더 앞서가고 있다는 생각이 들어. 음반사와 계약했는지 음반을 냈는지 공연을 했는지와는 상관없이 말이야. 그리고 나를 그 사람들과 비교하며 낙오자라고 생각하게 돼."

이 말을 듣고 있던 둘째가 끼어들어 맞장구쳤다.

"맞아, 우리 모두 그래. 나는 항상 내가 친구들 사이에서 제일 뚱뚱하다고 생각하는데 엄마는 그게 모두 엄마 잘못이래."

그러고는 오클리에게 물었다.

"오클리, 넌 이런 생각하는 거 없어?"

오클리는 이때다 싶어 참고 있던 말을 한마디 던졌다.

"난 이 대화에 안 낄래. 다들 너무 비관적인 거 아냐?"

그 말에 모두 웃음을 터뜨렸다. 딸아이가 다시 물었다.

"너무 궁금해, 아빠. 그 선글라스를 어떻게 해야 벗을 수 있어? 내가 정말 나쁜 사람이라는 생각이 들 때는 어쩌면 좋지? 그 생각을 뒷받침할 이유도 많다면?"

자동차 앞 유리가
백미러보다 더 큰 이유

당신이 저지른 수백만 가지의 실수를 돌이키기엔 너무 늦었다. 당신은 이미 인생을 망쳤고, 그냥 쓰레기통에 던져 버리는 편이 더 낫다. 과연 그럴까? 이건 과거의 내가 했던 생각이다. 나 스스로도 믿기 어려울만큼 긴 터널을 지나온 것 같다. 겨우 몇 년 전까지만 해도 내 삶은 엉망진창이었다. 경제적 파산과 함께 파경으로 치닫고 있었던 결혼생활, 목을 죄어오는 불안감과 실업으로 고통받고 있었기 때문이다. 나는 문제를 안고 있으면서도 아무 일 없다는 듯 사회생활을 영위하는 여느 성인처럼 굴었다. 알코올 중독에 빠지고 매일 남편에게 소리 지르며 문제를 회피하기 위해 할 수 있는 모든 일을 했다.

40년 동안 나의 주제가는 '내가 모두 망쳤어.'였다. 그 주제가는 대략 이런 내용이다.

"지난 40년의 인생을 쓰레기통에 던져 버리는 편이 낫겠어. 대학과 로스쿨도 낙제했고 결혼생활도 엉망이었고 형편없는 부모였어. 내가 더 성공적인 삶을 살았더라면, 우리 아이들이 뛰어놀 수 있는 집을 가졌더라면, 아이들의 생일파티에 전부 참석했더라면, 아이들의 스포츠 경기를 전부 보러 갔더라면, 10년 전에 아마존 주식을 사놓았더라면, 다른 선택을 했더라면 얼마나 좋았을까. 내가 제대로 했더라면 좋았을텐데. 이제는 너무 늦었네. 모두 다 내 탓이라네."

나도 이게 거짓말이었으면 좋겠다. 하지만 이것이 내가 공유하는 방법과 연구에 대해 확신을 가지게 된 계기다. 이 책에서 공유하는 모든 방법은 내가 몸소 시험해본 것들이다. 그래서 효과를 잘 아는 것이다. 10년간의 노력 끝에 내 인생은 바뀌었다. 나는 현재 성공한 사업가이자 인기 많은 강연자다. 자신감 있게 원하는 것을 좇고 그것을 성취하는 사람이 되었다. 나 자신을 사랑하고 현재의 모습에 만족하고 있다.

나는 여전히 내가 꿈꾸던 동네에 살고 있지도 않고 로스쿨 시절을 돌이킬 수 있는 것도 아니다. 대신 과거에 집착하고 끊임없이 스스로 비난하는 습관을 버렸다. 변화를 일으키는데 단기 속성 코스는 존재하지 않는다. 날마다 조금씩 노력하는 길밖에 없다. 자존심이나 자기애는 돈을 주고 살 수 있는 것이 아니다. 노력을 쏟아야만 얻을 수 있다. 당신이 견딜 수 없다고 생각했던 자신의 모습을 당당히 마주하고, 스스로 자신에게 상처 입힌 것을 용서해라. 더 나은 자신이 되기 위해 해야 할 일들을 해야 한다. 그것만이 자긍심을 되찾고 당신이 열망하는 자존감을 키우는 유일한 길이다.

우리는 모두 잘못을 저지른다. 당신이 겪었던 최악의 일들은 당신에게 좋은 스승이 될 것이다. 자신을 책망하기를 멈추고 실수로부터 교훈을 얻어야 한다. 간단해 보여도 쉬운 일은 아니다. 가장 어려운 일은 여태껏 과거에 집중하고 있었던 관심을 미래로 돌리는 것이다. 자동차 앞 유리가 백미러보다 더 큰 이유가 있음을 반드시 기억하자. 뒤로 가서는 안 된다. '앞'을 봐야 한다.

나는 인생에 반드시 재도전 기회가 존재한다고 믿는다. 매일 아침 거울을 보고 오늘은 어떤 사람으로 살 것인지 결정하는 순간이 바로 그 기회다. 당신은 선택할 수 있다. 시간을 되돌릴 수는 없지만, 스스로 통제할 수 있는 시간을 사용해 행동을 바꾸고 새로운 인생을 창조할 수 있다. 그럼 이제부터 지금과는 몰라보게 달랐던 예전의 내 삶을 한번 들여다보자. 내 인생에서 가장 힘들었던 시기를 이야기해 보려 한다.

법무장관 앞에서

도망쳐버린 인턴

로스쿨 재학 시절이었다. 어렸을 때부터 있었던 불안 증세가 최고조에 달했다. 3년 내내 아침마다 패닉 상태로 잠에서 깼다. 우습게도 로스쿨에 진학하자마자 변호사가 되고 싶지 않다는 사실을 깨달았다. 하지만 변호사 말고 딱히 하고 싶은 것도 없었다. 끝도 없이 예민해졌고 뒤처지는 느낌에 스트레스를 받았다. 게다가 로스쿨에 입학한 것을 뿌듯해하는 동기들에 둘러싸여 있었다. 나는 그곳에 어울리는 사람이 아니라는 생각이 들었다. 완전히 혼자인 것처럼 느껴졌다.

그때 나의 일과는 이랬다. 술이 덜 깬 상태로 잠에서 깬다. '미쳤어, 늦었잖아. 왜 난 항상 이렇지?'라고 생각한다. 그날 있을 수업과 다 못 한 과제를 떠올리며 천장을 응시한다. 대충 일어나 기숙사 주변에서 산책하며 담배를 피운다. 차를 몰고 던킨도너츠로 가서 가장 큰 사이즈의 커피를 주문한다. 수업에 들어간다. 교수가 질문할까 봐 잔뜩 긴장한 채로 수업을 듣는다. 점심으로 샐러드를 조금 먹는다. 공부하려고 혼자 도서관에 앉아 책을 편다. 그때 친구를 마주쳐 공부는 제쳐둔채 몇 시간이고 친구와 수다를 떤다. 기숙사로 돌아간다. 룸메이트와 술 1병을 따서 나눠 마시고 곯아떨어진다. 아침이 되면 다시 술이 덜 깬 상태로 잠에서 깬다.

인생을 망치는 완벽한 지름길이지 않은가? 나는 3년 동안 매일 이런 패턴의 일상을 반복했다. 웃으며 가볍게 이야기하고 싶지만, 솔직히 지금도 그때를 생각하면 화가 난다. 온통 불안과 초조의 시간이었고, 기억나는 것조차 거의 없다. 나는 매일 고통스러운 악순환에 자신을 가뒀다. 부정적인 사고가 퍼붓듯 엄습해와 아무것도 집중할 수 없었다. 그저 하루하루 생존 모드로 살아갔다. 부정적인 생각은 사람을 과열시켜 완전히 지치게 만든다. 계속해서 생존 모드로 살아가다 보면, 보통 바닥을 칠 때까지 상황은 더 심각해진다. 나라고 예외는 아니었다.

나는 로스쿨에서의 첫해를 그렇게 망쳤다. 그리고 그 뒤에도 마찬가지였다. 로스쿨에서 맞이한 첫 여름방학 때 운 좋게 법무장관 사무실에서 인턴으로 일하게 됐다. 나는 상습적 범행률을 조사하는 프로젝트를 맡았다. 내게는 절호의 기회였다. 관련 분야에 대해 아주 많이 배울 수 있을 뿐만 아니라, 앞날을 위해 훌륭한 발판을 마련할 기회였다. 내가 법무장관과 직접 일하고 있다니! 하지만 시작도 하기 전에 프로젝트의

규모에 기가 질렸다. 나는 관련 서적을 단 1권도 펼쳐 보지 못했다.

그해 여름 인턴 근무지까지 어떻게 운전하고 다녔는지 기억조차 잘 나질 않는다. 나는 불안할 때면 마치 정신이 내 몸 밖으로 빠져나가는 것 같은 느낌이 든다. 신경이 곤두설 때는 정신이 허공을 붕붕 떠다니는 것만 같다. 심리학자들은 이것을 '해리disassociating'라고 부르는데, 나는 그 현상에 전문가가 다 되었다. 어떤 형태로든 무섭거나 위험하다고 느껴지는 사람, 장소, 느낌, 감정 등 모든 것과 거리를 두려고 하는 습성이 생겼다. 그 결과 내 인생 전반기의 기억이 거의 없다. 왜냐하면 그 당시의 기억들이 남아 있을 만큼 정신적으로 현재에 존재하고 있지 못했기 때문이다.

하지만 이건 정확히 기억난다. 여름이 끝나갈 무렵 법무 장관이 나를 호출한 것이다. 내 얼굴은 벌겋게 상기됐고, 입고 있던 정장 재킷은 땀으로 흠뻑 젖었다. 나는 프로젝트가 왜 미뤄지고 있는지에 대해 수만 가지 변명을 늘어놓았다. 변명이 끝나고 사무실 문을 열고 나와 다시는 돌아가지 않았다. 심지어 사직서도 제출하지 않았다. 그냥 사라져 버렸다. 문제가 커지기 전에 잠적하려고 했다. 솔직히 말하면 이 이야기들은 너무나 창피해서 책에 안 쓰려고 했다.

이게 당신이 알고 있는 멜 로빈스라는 사실이 믿어지는가? 내 이야기를 주의 깊게 보면 '난 이 일을 할 수 없어.'라는 부정적인 사고가 부정성 속으로 더 깊이 빠져들게 했음을 알 수 있다. 부정적인 사고에 너무 익숙해지면 그것이 존재하는지조차 인식하지 못하게 될 수도 있다. 나는 성공적인 삶을 살기를 바랐다. 당연히 그 기회를 원했다. 하지만 두려움에 사로잡혀 극도로 불안할 때는 모든 것이 기회로 인식되지 않았다. 위협으로 받아들여질 뿐이었다. 무슨 일인가 위협적으로 다가오면 그것을 넘어뜨려 없애버리거나 저 멀리 언덕 너머로 달아나야만 했다. 자신이 모든 일을 망친다고 믿기 때문이다. 달아나는 것이 설사 자신의 꿈을 길가에 방치하는 일이라도 말이다.

당연한 이야기지만 스스로 기회를 걷어차버리고 나면 더 비참한 기분이 든다. 그래서 더욱 깊은 나락으로 떨어지고, 더 부정적인 생각을 한다. 부정적인 사고를 더 많이 하게 되면 악순환에 갇혀버릴 가능성이 크다. 로스쿨 시절 나의 경우가 그랬다. 나는 숨이 막혀 질식할 지경에 이를 때까지 부정적인 사고를 쌓아 올렸다. 그러다 한계에 도달했고 대형 망치로 내려쳐 내 인생이 산산조각이 나는 기분이 들었다. 하지만 정작 그 망치를 휘두르고 있는 사람은 바로 나였다. 상황을 개선하기 위해 어떤 노력을 하든 나는 끊임없이 넘어지고 실패했다.

앞으로 내가 이 책에서 소개할 도구들은 당시에는 존재하지 않았다. 나는 어린 시절의 트라우마와 나의 자기 파괴적인 행동 사이에 연관성을 이해하지 못했다. 실수를 끊임없이 내 탓으로 돌리는 행동을 그만두는 방법도 알지 못했다. 나쁜 일을 겪게 되면 그것이 내가 근본적으로 나쁜 사람임을 증명하는 것이라고 믿는 수밖에 없었다. 내가 반복하는 실망스러운 행동들이 너무나 부끄러웠다. 그래서 위기에 놓여 있을 때 보통 사람들이 사용하는 방법을 나도 사용했다. 고통을 느끼지 않기 위해 감각을 마비시키는 것이다. 감각을 마비시키는 방법에는 술, 담배, 충동, 폭식 등 수만 가지가 있을 것이다.

끌어내리는 감정을 제거할 때
자기 용서가 시작된다

나는 무감각해지기 위해 모든 수단을 동원했다. 로스쿨에서 사귀었던 남자친구 몰래 전 남자친구와 바람을 피웠다. 심리학자들의 말에 따르면 은밀한 섹스는 스트레스 해소법이 된다고 한다. 하지만 동시에 당신의 삶을 붕괴시킬 수도 있다. 나도 그랬다. 결국 두 사람 모두에게 들통났다.

남자친구를 배신함으로써 내 삶을 망치고 있다는 사실을 인식하고 있었음에도 양쪽 모두가 알게 해 상황을 최악으로 치닫게 만든 것이다. 나는 내가 생존 모드였을 때 저지른 일들을 인정하는 것이 부끄럽다. 그럼에도 이야기하는 이유는 스스로 저지르는 자기 파괴적 행동에 갇힌 이들에게 출구가 존재한다는 걸 보여주기 위해서다. 내가 바뀔 수 있었다면 당신도 바뀔 수 있다.

운이 좋게도 이러한 좌충우돌의 경험을 통해 나는 개인적인 성장의 여정을 시작할 수 있는 곳에 이르게 됐다. 그곳은 바로 심리치료사의 소파였다. 내가 스스로 그런 일들을 자초하고 있다는 것을 인지하게 됐다. 물론 의도적으로 그러는 건 아니었지만, 트라우마가 잠재의식 속에 기본적으로 탑재되어 나를 계속 끌어내렸다.

심리치료사의 도움으로 마침내 내가 생존하기 위해 했던 끔찍한 일들을 마주했다. 나는 다름 아닌 내가 나의 근원에서 아주 멀리 떨어진, 진정한 나 자신과 거리가 먼 이 길로 나를 끌어들였다는 것을 인정했다. 하지만 여전히 그렇게 살았던 나 자신이 미웠다. 나는 '난 나쁜 사람이야.'라는 믿음을 가지고 있었고 나의 삶이 그것을 증명해주는 것만 같았다. 부정적 생각이 나를 끌어내린다는 사실을 잘 알고 있었지만, 머릿속에서 지칠 줄 모르고 들려오는 비난의 소리를 잠재울 방법을 몰랐다.

당신에게 들려주고 싶은 깊은 통찰의 말이 있다. 자신이 뭔가를 망쳤다고 생각할 때 당신은 자신을 미워하기 시작한다. 자신을 미워할 때 당신은 필연적으로 자신이 미워하는 행동을 하게 된다. 또 당신은 자신을 사랑할 때 필연적으로 당신이 사랑하는 일들을 하게 된다. 자신을 존중하는 마음으로 대하면 존경할 만한 일들을 한다. 또한 자신을 축하하면 축하할 만한 일들을 하게 된다. 따라서 당신이 만든 하강 나선을 바꿀 수 있다. 지금 당장 말이다. 이는 잠재의식 및 과거의 경험과 '당신' 사이의 싸움이다.

당신을 끌어내리는 감정을 제거해야지만 진실을 보게 된다. 당신은 파편화되어 있지 않다. 막혀 있을 뿐이다. 끊임없이 계속되는 부정적인 사고와 과거의 트라우마가 당신에게 얼마나 영향을 미쳤는지 이해하지 못해 대처하는 방법을 몰랐을 뿐이다. 자기혐오를 극복하기 위한 첫 번째 단계는 자신을 용서하는 것이다. 생존 모드로 살았을 때 한 모든 행동을 용서하라. 그다음으로 머릿속에 사는 불청객을 침묵시키고 쫓아내라. 이것은 나의 재기 스토리가 아니다. 반드시 당신의 재기 스토리가 될 것이다.

Q. | 꼭 거울에 손을 대야 하는가?

원하는 방식대로 해도 무방하다. 거울에 손을 접촉해도 되고 접촉하지 않아도 된다. 손을 위로 들어 올려서 해도 되고 아래에서 해도 된다. 손가락을 펼쳐서 해도 되고 오므려서 해도 된다. 어떤 방식으로 하든 상관없다. 중요한 것은 '하이파이브' 하는 것이다.

5장

어두운 선글라스
벗어 던지기

정신의 필터에
낀 먼지 찌꺼기

당신은 실패하거나 일을 망친 경험이 있을 것이다. 그렇다면 과연 그 일을 계속 부정적으로 생각하는 것이 당신에게 도움이 될까? 이제 기분 좋은 생각을 해야 할 때가 아닐까? 부정적인 생각이 머릿속에서 반복 재생되지 않도록 경계해야 한다. 문제는 부정적인 생각을 어떻게 제거하는가이다. 특히 거울을 볼 때마다 후회, 의심, 실망이 몰려온다면 말이다. 믿기 힘들겠지만, 부정적인 생각을 제거하는 방법은 빨래만큼이나 간단하다.

당신은 젖은 빨래를 말리기 위해 지금까지 수도 없이 건조기를 열어보았을 것이다. 그때 건조기의 먼지 필터가 먼지로 꽉 막혀 있는 것도 보았을 것이다. 필터에는 항상 필터를 꽉 막고 있는 두꺼운 먼지층이 붙어 있다. 우리는 모두 건조기 필터처럼 시간이 흐르면서 쌓여온 온갖 종류의 찌꺼기를 가지고 있다. 헤어날 수 없는 부정적인 생각들도 마찬가지 아닐까?

부정적인 생각들은 당신의 삶에서 먼지 찌꺼기 같은 것이다. 그 찌꺼기는 당신이 아주 어렸을 때부터 쌓였다. 거절, 실패, 차별, 트라우마, 죄책감, 자기 회의 등의 형태로 쌓여왔다. 이러한 경험들이 심리적 찌꺼기를 만들어내는 것이다. 그것이 당신의 마음을 막아 자신을 응원하지 못하도록 만든다. 이 문장은 단순히 그럴듯한 비유를 위한 것이 아니다. 부정적인 경험들은 망상활성계에 달라붙는 경향이 있기 때문이다.

당신의 뇌 속에는 망상활성계Reticular Activating System가 존재한다. 두뇌를 감싸고 있는 살아 있는 신경세포망이다. 나는 이것을 '필터'라고 부른다. 망상활성계가 과거의 생각들로 꽉 막히면 당신은 과거에 갇혀버린다. 그것이 바로 똑같은 실수를 반복하고 계속 부정적인 생각을 하면서 살아가게 되는 이유이다.

하이파이브 습관은 필터에 엉겨 붙어 있는 먼지 찌꺼기를 벗겨내는 작업과도 같다. 먼지 찌꺼기를 발생시키지 않고 빨래할 수 없는 것처럼 기분 나쁜 일을 겪지 않고 살아갈 수는 없다. 핵심은 부정적인 것이 쌓이지 않게 하는 것이다. 따라서 당신은 망상활성계에 찌꺼기가 달라붙지 않도록 청소하는 법을 배워야 한다.

5-4-3-2-1

행동개시!

어떤 전문가들은 망상활성계를 '문지기'나 '파수꾼'이라고 부르기도 한다. 망상활성계는 아주 중대한 역할을 맡고 있다. 당신의 의식 속으로 어떤 정보를 들여보내고 들여보내지 않을지 결정한다. 망상활성계는 날마다 34GB의 데이터를 감시한다(휴대폰 데이터로 따지면 24시간내내 3년 동안 사용할 수 있는 데이터에 해당한다). 망상활성계가 당신을 돕기 위해서는 당신의 도움이 필요하다는 사실을 알기를 바란다.

솔직히 말하자면 도움 이상의 것이 필요하다. 당신의 따스한 포옹이 필요하다. 망상활성계는 지나치게 일을 많이 해왔고 찌꺼기가 잔뜩 낀 채로 세상을 걸러내는 일을 해왔기 때문이다. 망상활성계는 당신을 둘러싸고 있는 정보의 99%가 의식에 도달하지 못하도록 막고 있다. 그러지 않으면 정보 과부하로 머리가 터질 것이다. 다음의 4가지는 망상활성계가 항상 의식 속으로 들여보내는 정보들이다.

- 누군가 당신의 이름을 부르는 소리
- 당신이나 당신이 사랑하는 사람들의 안전을 위협하는 것

- 당신의 배우자가 섹스를 원한다는 신호

- 망상활성계가 당신에게 중요하다고 생각하고 있는 정보

마지막 사항이 가장 중요하다. 당신이 당신에게 중요하다고 생각하는 정보를 정확하게 안다면, 망상활성계가 찾아내도록 훈련할 수 있다. 망상활성계가 스스로 능력을 발휘하도록 잠시 놓아두라. 망상활성계는 당신이 걸어가는 길을 환히 비추어주는 탐조등이다. 망상활성계에게 무엇을 봐야 하는지 말해주면, 망상활성계는 당신을 위해 일한다. 하지만 부정적인 생각들을 한다면, 망상활성계는 당신의 생각을 증명하기 위해 모든 방해물과 함정을 찾아내려 할 것이다.

나의 남편 크리스도 그랬다. 그는 오랫동안 자신이 패배자라고 생각했다. 거울을 볼 때마다 보이는 건 패배자뿐이었다. 사업에 실패하고 몇 년 동안은 롤러코스터를 타듯 아찔했다. 집도 채권자에게 넘어갔고 빚은 감당하기 어려울 만큼 불어났다. 남편은 사업을 접고 난 뒤 만신창이가 됐다. 다른 대안이 없었으므로 내가 밥벌이에 나설 수밖에 없었다. 그리고 신의 가호로(그리고 엄청난 양의 일을 하면서) 이것이 내가 해야 할 일이었다는 사실을 깨닫게 되었다. 그래도 그때로 되돌아가

고 싶은 마음은 추호도 없다.

남편이 나를 먹여 살릴 수 없다는 것을 깨달았을 때 하늘이 무너지는 것 같았다. 나는 나의 인생과 미래를 책임지고 싶은 마음이 전혀 없었다. 하지만 이 참담한 상황을 끝내려면 내가 먼저 나서야 했다. '넌 싸워야 해!'라고 스스로 명령했다. '침대에서 일어날 이유를 찾아야만 해. 목표를 세우고 그것을 향해 너를 몰아붙여야 해. 단순히 아침에 일어나 비참함을 느끼지 않는 게 그 목표라 할지라도.' 나의 삶을 바꾼 그 순간의 결정은 단지 침대에서 내 몸을 일으켜 세우기 위한 것이었다.

두려움 속에 절어서 누워 있느니 두려움을 뚫고 나 자신을 일으켜 세우기로 했다. 정서적으로 완전히 바닥일 때 '내가 나한테 이래서는 안 돼. 나는 바뀔 거야.'라고 말할 수 있는 용기를 끌어내야 한다. 그래서 나는 '5초의 법칙'이라는 것을 만들어냈다. 나사NASA에서 로켓을 발사할 때 카운트다운 하듯 부정적인 사고가 나를 마비시키기 전에 카운트다운 후 행동하는 것이다. 정말 진지하게 주는 팁이다. 알람이 울린다. 알람의 일시정지 버튼을 누르지 않는다. 뒤척이며 베개에 머리를 파묻고 현실 도피하지 않는다. '5-4-3-2-1'이라고 숫자를 센 후 행동개시!

나는 5초의 법칙을 활용해 침대 밖으로 나오는 데 성공했다. 남편 원망을 멈추고 사태 수습에 나섰다. 폭음도 중단했다. 무턱대고 전화를 걸어 시간제 일자리를 얻게 되었고, 그것이 인연이 되어 토요일 아침 고민상담 프로그램을 진행하게 되었다. 그리고 이 법칙을 활용해 친구들에게도 다가갔다. 솔직히 이야기하기 위해서, 도움을 청하기 위해서, 매일 아침 일어나 침대에서 나를 일으켜 세우기 위해 이 법칙을 활용했다. 내 삶은 서서히 변화하기 시작했다. 하루하루 살아가는 방식을 바꾸고 있었기 때문이다. 이때 하이파이브 습관에 대해서도 알고 있었더라면 얼마나 좋았을까. 하이파이브 습관을 알았더라면 내게 더 친절하게 대하고 나를 더 많이 격려함으로써 이 과정을 지나오는 것이 훨씬 더 수월했을 것이다.

나는 5초의 법칙과 내가 얻은 모든 교훈에 감사한다. 이 악물고 지나온 시간을 돌아보면, 내가 가진 강점과 용서의 힘을 배우게 된 것에 감사한다. 남편이 스스로 치유의 시간을 가지며 몇 년 동안 아이들을 돌봐준 것에도 감사한다. 그는 아이들이 자라는 동안 늘 옆에 더 있어 주고 싶어 했다. 그리고 나의 강연 사업이 성장하자 남편도 합류해 나를 도와 중요한 역할을 맡았다. 나는 남편의 사업실패가 우리를 더 나은 상황으로 이끌었다고 생각했다. 이 고통스러운 경험이 우리를 멋진 성공의 길로 안내하고 있다고 생각했다. 솔직히 곧 성공할 수 있다고 자만했다.

마음속 문지기에게
어떤 사인을 주는가?

그러나 남편은 전혀 다르게 느끼고 있었다. 어딜 가나 스스로 낙오자임을 증명하는 것처럼 느꼈다. 학교에 아이들을 데리러 가면 그것은 낙오자라는 뜻이었다. 집에서 잔디를 깎고 있으면 낙오자라는 뜻이었다. 저녁 식사를 준비하고 있어도 낙오자라는 뜻이었다. 아이들이 유년시절 아빠와 함께 보낸 시간이 가장 큰 선물이었다고 말해도 남편이 스스로 느끼는 감정은 쉽게 바뀌지 않았다.

그가 다시 일을 시작했을 때도 상황은 달라지지 않았다. 그는 '멜 로빈스'가 하는 사업의 재무 담당 책임자였다. 그 사실은 그가 자신의 사업에 실패했음을 상기시켜 주었다. '우리의' 사업이 얼마나 잘 나가는지와 법적으로 그가 사업의 50% 지분을 가지고 있다는 사실은 중요하지 않았다. 그는 자신의 요식업에 실패하고 다른 사람들의 돈을 까먹은 것에 대한 좌절감을 떨쳐버릴 수가 없었다.

나의 남편의 '나는 낙오자야.'라는 문장을 당신의 부정적인 생각들로 바꾸어보라. 남편의 이야기는 망상활성계가 어떻게 삶 전체를 궤도에서 벗어나게 만드는지 보여주는 예시일 뿐이다. 분명 당신도 삶에서 비슷한 패턴을 볼 것이다. 당신이 부정적인 믿음을 반복해서 되뇌면, 마음속의 문지기인 망상활성계는 그 믿음을 확인시켜주는 방향으로 세상을 걸러서 보여준다.

만약 내가 남편에게 당신은 세상에서 가장 훌륭한 아빠이며, 당신이 없었다면 사업을 못 했을 거라 말해도 내 입만 아플 것이다. 그의 마음속 문지기는 그 말을 들여보내지 않기 때문이다. 그는 회계사를 만나 내년 세금 계획을 세울 때면 그가 일하고 있는 사업이 우리의 사업이 아니라 멜 로빈스의 사업이라는 사실을 실감하게 된다. 그는 또 한 번 그 사실에 패배감을 느낀다. 이 모든 패배감에서 벗어나기 위해 알아야 할 중요한 사실은 당신의 뇌가 컴퓨터처럼 특정한 방식으로 프로그래밍 되어 있다는 것이다. 그 프로그래밍은 당신만이 바꿀 수 있다. 당신의 마음은 당신을 어떻게 도와주면 좋은지 말해주길 기다리고 있다.

남편은 치유를 위한 내면의 작업을 시작했다. 명상하고 심리치료를 받았다. 그는 바뀌기 시작했다. 그렇게 몇 년이 흘러 그는 자신의 길을 발견하게 되었다. 그는 '소울 디그리Soul Degree'라는 남성들을 위한 수련 공동체 활동에 참가했다. 남성들이 모여서 지금껏 해본 적이 없는 활동을 경험해볼 수 있는 기회였다. 남편과 내가 우리의 삶을 바꿀 수 있었다면 당신도 그렇게 할 수 있다. 당신의 망상활성계를 활용해서 말이다.

5년 전에 일어난 일을 아직도 마음에 담아두고 있는 사람은 당신 자신 외에 아무도 없다. 아무도 당신만큼 부지런히 점수를 매기지 않는다. 당신은 자신의 모든 잘못, 실수, 문제들의 목록을 만들고 계속 집중하고 있다. 그것이 당신을 계속 과거에 머물게 하는 이유이다. 이제 자신을 과거에서 해방하고 원하는 미래에 집중해야 할 때다. 이는 자신에 대해 어떤 믿음을 가졌는지 알아채는 것에서부터 시작한다. 그리고 그 믿음은 자신의 가치를 깎아내리는 것일 확률이 높다.

당신은 분명 연인과 헤어져 본 경험이 있을 것이다. 며칠, 몇 주, 심지어 몇 달 동안 헤어진 연인을 잊지 못해 고통스러운 나날을 보내봤을 것이다. 슬픈 노래를 반복해서 듣기도 하고 헤어진 연인의 SNS를 몰래 훔쳐보기도 했을 것이다. 이 행동은 당신의 망상활성계에 헤어진 연인이 아직도 중요하다는 메시지를 전달한다. 설사 몇 달 동안 그를 보지 못했다고 해도 곳곳에 있는 모든 것이 그를 생각나게 한다. 그러다가 새로운 사람을 만나게 되면 마음속의 문지기가 전 연인을 쫓아내고 새로운 연인을 가장 앞자리에 앉히게 된다. 세상이 온통 장밋빛이고 세상의 모든 사람이 당신처럼 행복해 보일 것이다. 바로 당신의 망상활성계가 그렇게 만든 것이다.

당신에게 중요한 의미를 지니는 것이 바뀔 때 세상과 자신을 바라보는 시각도 바뀐다. 망상활성계는 전 연인과 관련된 오래된 감정은 걸러내고 새 연인과 관련된 것들을 받아들일 수 있도록 문을 열어준다. 당신이 스스로 몰아세우기를 중단하겠다고 마음먹을 때 망상활성계는 이와 똑같은 작용을 한다. 당신이 자신에게 하는 이야기는 아주 중요하다. 이를테면 '나는 나쁜 사람이야.'에서 '나는 계속 발전하고 있어. 점점 좋아질 거야.'로 바뀐다면, 당연히 망상활성계도 바뀐다. 그 말을 더 여러 번 반복할수록 마음속의 문지기는 더 빨리 반응할 것이다.

인생에서 마주치는 모든 일을 재앙으로 받아들인다면 잘못 생각하고 있다. '내가 다 망쳤어.'라는 말은 '시종일관 삶에서 단 한 종류의 결과만을 만들어낸다.'와 '항상 결과가 나

쓰다.'라는 2가지 사실을 전제로 하고 있다. 당신의 생각이 왜 오류인지 이해가 간다면 아주 바람직한 출발이다. 1가지 진실을 알아야 한다. 당신에게는 능력이 있다는 것이다. 당신이 인생을 살면서 저지른 모든 일이 그 증거다. 당신에게 능력이 없다면 그렇게 일관적으로 대형 사고를 칠 수는 없었을 것이다. 그렇지 않은가?

되돌아보면 내가 살면서 저지른 실수들이 떠오른다. 로스쿨 생활, 여러 직업을 전전했던 일, 양다리를 걸쳤던 일, 바닥을 치고 남편을 원망했던 일. 어디를 보나 내가 사고 친 일들이 보이고 나는 그 일들을 하나하나 해결해야만 했다. 당신도 스스로 엉망으로 만들어 놓은 일들을 직시하기를 바란다. 삶에서 그렇게 악취가 풍기는 배설물 더미를 만들어 낼 수 있다면, 당신은 아주 훌륭한 뭔가를 만들어 낼 능력도 갖추고 있다.

멋진 결과는 나쁜 결과만큼 쉽게 만들 수 있다. 농담이 아니다. 당신이 무엇을 할 수 있다고 믿고 무엇에 집중하는가에 달려 있다. 마음에 들지 않는 상황일지라도 그에 대해 어떻게 반응할지는 내가 결정할 수 있다. 나쁜 결과를 만드는 것에 초점을 맞추고 있다면 그걸 바꿔야 한다. 거울을 보고 하이파이브 하며 하루를 시작해보라. 새로운 세상의 문이 열릴 것이다.

현재 당신에게는 훌륭한 능력과 상황을 특정한 방식으로 바라보는 습관이 있다. 만약 같은 능력을 갖추고 있으면서도 정반대의 결과를 얻게 된다면 어떻겠는가? 만약 그 결과가 긍정적이지 않고 부정적이라면 어떨까? '또 내가 일을 망쳤어!'라고 말하기보다는 '어떻게 하면 이 일을 해결할 수 있을까?'라고 말해 보라. '내가 일을 망쳤어.'가 당신이 가진 유일한 선택지가 아님을 명심하라. 잘 생각해보라. 마지막으로 당부하고 싶은 것은, 잘 안된 일의 모든 잘못을 자신에게 돌릴 거라면 일이 잘되었을 때도 그 공을 자신에게 돌려야 한다.

망상활성계가 나를 위해
일하게 만드는 훈련

망상활성계가 나를 위해 일하도록 훈련하기는 쉽다. 이와 같은 마음의 유연성은 이미 당신 안에 있다. 당신은 이미 망상활성계의 힘을 경험했고 그것을 의식조차 하지 못하고 있다. 놀랍지 않은가? 망상활성계가 어떻게 작동하고 있으며, 얼마나 당신을 돕고 싶어 하는지 자세히 알아보자. 망상황성계의 힘을 보여줄 수 있는 사례로는 차를 구매할 때가 있다. 새 차를 구매하려고 자동차 대리점에 가서 자동차를 시험 운전해보기로 했다고 가정해보자.

마음에 드는 차종을 골라보라. 그리고 당신이 고른 차가 마음에 든 이유는 색상이 예쁘고 차종이 흔하지 않아서였다고 치자. 이 책을 잠시 내려놓고 곰곰이 생각해보기 바란다. 당신이 고른 차종을 마지막으로 본 것이 언제였는지 기억하는가? 당신이 같은 차종을 소유하고 있거나 대리점 직원이 아닌 이상 분명 언제였는지 기억이 나지 않을 것이다. 지금까지 그것은 당신에게 중요한 정보가 아니었기 때문이다. 그것이 중요하지 않았기 때문에 망상활성계는 당신의 의식 안으로 들어가지 못하도록 막고 있었다.

뇌는 스쳐 지나간 모든 자동차의 제조사와 모델까지 의식적으로 처리하지 않는다. 이러한 정보는 망상활성계가 쉬지 않고 걸러내고 있는 불필요한 정보 중 하나이다. 잠시 눈에 들어왔다가 사라지는 정보들이다. 그 정보들은 뇌의 필터를 거쳐 통과된다. 그러나 당신이 그 자동차를 사야겠다고 생각하기 시작하는 순간 망상활성계는 아주 민첩하게 자신의 여과 시스템을 변경할 것이다. 당신이 그 자동차에 대한 정보를 읽고, 시험 운전하고, 다른 차종과 비교하고, 계약서에 서명할 때 신경세포망은 점점 더 촘촘하고 강해진다. 그렇게 되면 갑자기 당신은 운전할 때마다 그 자동차만 눈에 띌 것이다.

이는 망상활성계가 당신에게 중요한 정보가 무엇이라고 생각하는지 열심히 보여주는 100만 가지의 예 중 하나일 뿐이다. 딸이 당신에게 "아빠가 집에 계셔서 너무 좋아요."라고 말할 때마다 전화통화에 열중하고 있는 회사원 아빠의 모습에만 신경을 집중하게 되는 것도 망상활성계가 당신이 스스로 패배자라고 느끼기를 원한다고 생각해서이다. 당신이 너무 오랫동안 사업에서 패배감을 느껴왔으므로 망상활성계는 그것이 당신에게 중요하다고 여긴다.

망상활성계는 당신이 혼잣말할 때 그것을 중요한 정보로 인식한다. 생각을 확인시켜주는 목적으로 당신의 주변 환경을 스캔한다. 당신의 생각이 망상활성계에 무엇이 중요한지 말해주고 있는 셈이다. 그래서 부정적인 생각을 하면 적대적인 세상에 갇혀 있는 느낌이 드는 것이다. 내일부터 매일 아침 일어나 거울 속 자신과 하이파이브 해보라. 당신은 간단히 망상활성계가 자기비하에서 벗어나도록 훈련할 수 있다.

마음속 문지기는 당신을 '돕기'를 원한다. 현재 당신은 과거의 영향으로 불안하고 감정적인 상태에 놓여 있을 가능성이 크다. 그래서 자신감과 자존감이 낮고 동기부여가 되지 않는 것이다. 하이파이브 습관은 이 상태를 완전히 바꿔준다. 당신이 태생적으로 설계된 정신과 감정 상태로 되돌아갈 수 있도록 돕는다. 새로운 삶으로 이끄는 길을 머릿속으로만 생각해 낼 수는 없다. 행동으로 찾아야 한다. 하이파이브를 하면서 하나씩 천천히 하면 된다. 변화를 위해 어떤 행동을 꾸준히 지속하는 것은 쉬운 일이 아니다. 하지만 당신은 할 수 있다. 세상을 바라보는 시각을 바꾸면 당신이 바라보는 세상이 바뀐다.

하이파이브 습관은 바로 '당신'을 바꾼다. 당신이 무엇을 성취할 수 있는지를 바꾼다. 당신이 세상을 바라보는 시각과 어떤 기회를 만들고 해결책을 구할 수 있는가를 바꾼다. 날마다 뇌는 당신과 당신의 미래를 위해 중요한 것이 무엇인지에 대한 새로운 메시지를 전달받기 시작할 것이다. 그러면 뇌는 다시 제자리를 잡고 당신이 원하는 것을 얻을 수 있도록 완전히 새로운 방식으로 세상을 여과하기 시작할 것이다.

상황을 다르게 바라본다고 해서 문제가 사라지는 건 아니다. 그러나 예전에는 보지 못했던 다른 해결책, 기회, 가능성을 볼 수 있게 해준다. 그것이 세상의 모든 변화를 만들어낸다. 그렇다면 하이파이브 외에도 망상활성계가 나를 위해 일하도록 훈련하는 또 다른 방법이 있는지 궁금할 것이다. 방법은 있다. 거울을 보며 하이파이브를 하라는 것만큼 바보 같은 말로 들릴지도 모르겠지만 말이다. 적어도 우리 딸의 반응은 그랬다. 그렇다면 이제 어두운 선글라스를 벗고 당신의 미래를 완전히 새로운 시각으로 바라볼 수 있게 뇌를 훈련해보자.

Q. | 꼭 화장실에서 해야 하는가?

화장실은 혼자서 자신을 마주하는 거의 유일한 장소다. 직장이나 학교에서 하이파이브 하기에는 남의 시선이 신경 쓰일 것이다. 당신은 평소에 거울 앞에 서서 하는 일상적인 행동이 있을 것이다. 그 일상적인 행동에 하이파이브만 추가하면 된다. 기존의 습관에 새로운 습관을 짝지어놓으면 그 일을 실천하기가 더 쉬워진다.

내가 아주 좋아하는 말이 있다. '현재 발을 딛고 서 있는 곳에 존재하라.' 머리를 손질하거나 면도할 때 무의식적으로 다른 동작에 빠져들지 마라. 잠시 행동을 멈추고 실제로 자신과 함께 있는 시간을 가져보라. 화장실 거울을 의도적으로 응시해보는 것도 좋다. 자기 인식과 감사, 사랑의 친밀한 순간을 가져보라. 이것이 하루 중 자신의 훌륭한 점을 인정하는 유일한 기회일 수도 있다. 물론 지금까지는 그렇게 해본 적이 없었을 것이다.

6장

하트 찾기의
마법

자신을 바라보는 방식을 바꾸는,
하트 찾기 게임

"거울 속 나랑 하이파이브를 하라고?"

"안 믿기지? 하지만 엄마가 당장 증명해준다면 어때?"

딸들은 어이없는 표정을 지었다. 나는 딸들에게 5장의 예시를 설명했다.

"음, 나 비슷한 일 있었어. 룸메이트가 폭스바겐 타고 왔을 때, 난 그런 거 한 번도 타본 적 없거든. 너무 부러웠어. 근데 그 이후론 어딜 가든 폭스바겐만 보이더라고! 미칠 뻔했어."

"그게 바로 뇌가 실시간으로 변한다는 증거야. 지금 '나는 모든 걸 망쳐.'라고 말하면 너는 그 생각처럼 세상을 보게 될 거야. 어때?"

"맞아. 어제 치과 예약을 놓쳤을 때도 그랬어. 예약한 걸 까먹고 있다가 뒤늦게 '어휴, 내가 그럼 그렇지.'라고 생각했거든."

"이제부터 반대로 생각해봐. 네 인생에서 일어나는 일들을 네 잘못이라고 생각하지 말아야 해. 치과 예약을 까먹는 건 충분히 있을 수 있는 일이야. '내가 그렇지.'라고 생각하지 말고 그냥 흘려보내. 그리고 일을 그르쳤을 때 스스로에 대해 어떻게 생각하고 싶은지 신중히 말해주는 거지."

나는 딸들에게 간단한 방법을 설명했다.

"먼저 간단한 게임을 하자. 매일 너의 주변에 자연스럽게 나타나는 하트를 찾아보는 거야. 하트 모양 돌, 하트 모양 나뭇잎, 하트 모양 물방울. 아니면 라떼 위에 그려진 것도 좋아."

"바다만 가면 엄마가 하트 돌멩이를 찾는 것처럼?"

"바로 그거야."

"정말? 말도 안 돼."

작은딸이 맞장구를 쳤다.

"돌멩이가 내 생각을 바꾼다고? 고작 그런 걸로 친구들 사이에서 내가 제일 뚱뚱하단 생각을 안 할 수 있단 말이야? 그리고… 실제로도 내가 제일 뚱뚱해."

"핵심은 너희가 지금까지 보지 못했던 것을 알아보는 거야. 중요한 것이 무엇인지 말해주면 뇌가 너를 위해 작동할 거야. 그리고 네가 너의 외모를 비난하는 걸 그만두고 싶다면 네가 보는 모든 것에 부정적인 생각을 갖다 붙이는 행동을 그만두도록 훈련하면 돼."

딸들이 내 주장에 대해 곰곰이 생각하는 것이 느껴졌다. 나는 이어서 말했다.

"엄마가 너희들한테 긍정적인 주문을 되뇌라고 말하면 너희들은 유치하다고 생각할 거야. 지금은 그걸 믿지 않으니까. 그래서 먼저 마음이 무엇을 바라볼지를 결정할 수 있는 네 능력을 보여줄 거야. 그러면 내 말을 믿을 수 있겠지? 자신을 바라보는 방식을 바꿀 수 있어."

훌륭한 사람들도 얼마든지 일을 그르친다. 따라서 그것이 당신을 나쁜 사람으로 만드는 것은 아니다. 만약 나쁜 사람이라 할지라도 사랑받을 자격조차 없는 것은 아니다. 상황을 바라보는 시각을 뒤집어 자기효능감을 높이는 것이 중요하다. 패배감을 잠재우고 자신을 사랑할 수 있다면 얼마나 삶이 더 만족스러워질지 상상해보라.

이제 당신이 직접 해볼 차례다. 주변에서 자연스럽게 형성된 하트를 찾아보라. 나는 수년째하고 있다. 나는 하트를 찾을 때마다 SNS에 올린다. 사람들은 나를 태그하고 그들이 찾은 하트를 공유한다. 당신도 내일부터 매일 하트를 찾아보라. 찾았다면 잠시 들여다보라. 사진을 찍고 그 순간을 음미하라. 하트 찾기는 삶을 보물찾기로 탈바꿈시킨다. 매일 잠에서 깨어 오늘도 하트를 마주치게 된다고 기대하게 된다.

하트 찾기는 긍정적인 자세를 연습하는 가장 간단한 방식이다. 만약 하트 찾기를 시도했지만 찾지 못했다면, 당신이 그것을 너무 회의적으로 받아들였거나 유치한 행동이라고 생각해서다. 하트 찾기같이 쉬운 게임마저 하지 못한다면, 당연히 더 큰 기회도 알아보지 못한다. 세상을 다르게 보도록 도와주는 힘은 늘 작동하고 있다. 지금까지 당신이 상황을 잘못된 시각으로 바라보았을 뿐이다. 하트 찾기를 해보면 마음은 당신이 보라고 하는 것을 본다.

효과를 더욱 증폭시킬 방법이 있다. 하트가 당신이 찾아주기를 기다리며 의도적으로 숨어 있었다고 상상해보라. 하트를 찾을 때마다 미소 지으며 대자연의 기운과 연결된 듯한 따뜻한 파장을 느껴보라. 이 느낌은 말로는 설명하기 힘들다. 나는 하트를 찾았을 때 그렇게 한다. 그렇게 하면 신과 우주가 나를 든든히 받쳐주며 인도해주고 있다는 느낌이 든다.

지난 삶을 돌이켜보면 일련의 사건들이 연결되어 당신을 현재의 목적지로 이끌어 주었음을 느낀 적이 분명 있을 것이다. 망상활성계 훈련의 장점은 당신이 꿈꾸는 미래까지 그 일련의 사건들을 연결시켜준다는 것이다. 마음은 이 책에서 소개하는 방법들을 활용할 때 당신이 원하는 것을 얻을 수 있게 도와주도록 설계되어 있다.

망상활성계의 작동 원리를 이해하고 하트도 찾기 시작했다면, 머릿속에서 반복되는 부정적인 믿음을 몰아낼 차례다. 오래된 사고패턴을 중단시키고 당신이 원하는 감정으로 대체해야 한다. 다음은 머릿속의 주제가 바꾸는 3단계이다. 시도해보길 바란다.

1단계:
'난 이 생각을 하지 않을 거야'

부정적인 생각은 언제 튀어나올지 모른다. 그런 생각이 튀어나오지 않도록 저지할 수는 없지만, 그것들 사이에 끼어들 수는 있다. 말로 하이파이브를 해 부정적인 생각을 없애는 것이다. 무엇을 생각할지는 당신이 선택할 수 있다. 바꾸어 말하면 무엇을 생각하지 않을지도 선택할 수 있다는 뜻이다. '되는 일이 없어. 난 항상 일을 망쳐. 아무도 날 사랑하지 않아.'와 같은 부정적인 생각이 떠오를 때면 망상활성계의 관심을 다른 곳으로 돌리는 강력한 한 문장으로 차단하라. "이 생각은 하지 않을 거야."

당신은 자신이 무슨 생각을 하는지 점검해야 한다. 지나치게 걱정이 많고 두려움에 휩싸여 아무 일도 하지 못하고 불안증에 시달린다면 이 문장은 인생을 바꿀 만큼 중요하다. 내가 몇 년 전 마음을 정화하기 시작했을 때, 나를 불안하게 만드는 생각을 중단하려고 노력했다. "이 생각은 하지 않을 거야."라는 말을 하루에 수백 번 할 수 있다는 사실이 놀라웠다. 그 사실만으로도 부정적인 생각이 얼마나 자주 반복되고 있는지 깨달을 수 있었다.

친구가 문자나 전화에 바로 답하지 않으면 '나한테 화났나?'라는 부정적인 생각이 들곤 했다. 하지만 "이 생각은 하지 않을 거야."라는 문장이 그 생각을 저지했다. 누군가가 바닷가를 배경으로 찍은 사진을 SNS에 올린 걸 보면 질투심이 일어나 즉시 '난 저런 데 휴가 갈 형편이 못 돼.'라고 생각했다. "이 생각은 하지 않을 거야."라고 말하며 그 생각을 중단시킬 때까지 말이다.

부정적인 내면의 소리는 약점이 하나 있다. 입 다물라는 말을 듣는 걸 아주 싫어한다. 이것을 명심해야 한다. 부정적인 생각이 당신의 마음을 차지해 버리기 전에 그 생각들을 하나씩 쫓아낼 수 있다. 이 책의 도입부에서부터 말했듯 마음은 당신이 원하는 것을 돕도록 설계되어 있다. 당신은 약간의 위험을 감수해야 하는 모험가이자 용감한 실험가로 이 세상에 왔다.

2단계:
자신에게 보내는 메모 쓰기

이번에는 망상활성계가 원하는 것이 무엇인지 말해주고, 당신의 마음이 믿는 바가 진실임을 확신시켜주는 새로운 체계를 만들 차례다. 대부분의 긍정적인 말이 효과가 없는 이유는 앞서 설명했다. 당신이 그것을 믿지 않기 때문이다. 그래서 긍정적인 말을 그저 반복하면서 마음이 그 단단해지기를 기대할 수는 없는 것이다.

긍정적인 말은 당장 믿을 수 있는 것으로 정해야 한다. '무엇이든 가능하다.', '자신감을 들이마시고 의심을 내뱉어라.', '충분히 할 수 있다.' 등 여러 문장을 시도해보고 자신에게 맞는 것을 찾는 게 좋다. 큰 소리로 말하고 마음이 어떤 반응을 보이는지 지켜보라. 어떤 게 당신에게 적합한지 알 수 있을 것이다.

새로운 믿음을 상기시키고 활용하는 데도 이와 같은 방식을 적용해보자. 연구자들은 사람들이 일을 조금 뜻밖의 것으로 생각할 때 완수할 가능성이 커진다는 사실을 발견했다. 그래야 뇌가 특별한 것으로 인식한다.

3단계:
되고 싶은 인물처럼 행동하기

이 단계에서는 새로운 믿음에 어울리는 물리적 행동을 취해야만 한다. 부정적인 믿음에 대항해 새로운 문장을 만들어 반복하는 것이므로 단계 중에서 가장 중요하다. 가장 효과적인 방법은 '행동활성화 치료법'을 활용하는 것이다. 간단하면서도 아주 효과가 뛰어난 치료법으로, 현재 어떻게 느끼고 있든 상관없이 자신이 되고 싶은 인물처럼 행동하는 것이 핵심이다. 스스로 계기를 마련해주는 의미 외에도 뇌가 당신이 행동하는 것을 보는 것만으로 강력한 효과를 발휘한다.

기존의 부정적인 생각이 무의식 속에 새겨져 있어 오랜 습관과 믿음을 바꾸기는 쉽지 않다. 변화하기 위해 자신이 행동하는 모습을 스스로 봐야 한다. 행동은 당신의 새로운 믿음이 진실임을 입증해준다. 그리고 망상활성계가 훨씬 더 빨리 필터를 바꿀 수 있도록 돕는다. 더욱 좋은 점은 자신을 가치 있고 사랑스럽다고 생각하고 대우해주면 단순히 망상활성계만 바뀌는 것이 아니라 자아수용 능력도 키울 수 있다.

앞서 언급했듯이 자아수용은 행복과 만족을 얻는 데 가장 중요한 자세이다. 만약 당신이 가수가 되기를 원하고 있다면 자신을 드러내기 좋아하는 사람처럼 행동해보라. 작곡해서 SNS에 올리거나 지방 라이브 공연에 참여하는 등의 행동을 해보라는 것이다. 많이 긴장되고 두렵고 자신감이 부족해도 어쨌든 해보는 것이다. 당신이 행동하는 것을 보면 망상활성계는 이것이 당신에게 중요하다는 사실을 깨닫고 기회를 열어준다.

자기애도 마찬가지다. 거울 속에 비친 자신의 모습을 지적하고 비난하는 대신 감사하는 부분에 초점을 맞춰라. 당신은 살을 빼기 위해서가 아니라 자신을 사랑하기 때문에 몸을 움직이는 것이다. 그리고 더 나아가 이 변화를 더 빠르게 진행하려면 다른 사람을 도와라. 자신에게 집중되어 있던 시선을 다른 곳으로 돌려라. 사람들의 안부를 물어보라. 다른 이들을 위해 일하면 기분이 좋아질 뿐만 아니라 비참한 기분에서 벗어나 자기 자신을 새로운 시각에서 바라보게 되기 때문이다.

'넌 날마다 더
나아지고 있어'

또 부정적인 생각이 들면 그때는 "이 생각은 하지 않

을 거야."라고 말해 그 생각을 중단시켜라. 그리고 당신의 새로운 믿음이 진실임을 증명해라. 거울 속의 자신과 하이파이브를 하는 것이든 아니면 다른 행동이 되었든, '이렇게 느끼는 것은 내게 중요해.'라고 보여줘라. 이것이 바로 마음이 세상을 걸러내는 방식과 실제로 보는 것을 바꾸는 방법이다.

크리스틴은 하이파이브를 시작한 뒤, 아주 놀라운 효과를 경험했다. 과체중으로 인해 자신감을 잃었던 그녀는 자신을 사랑하지 않는 한 어떤 운동도 소용없다는 사실을 깨달았다. 그래서 그녀는 벨기에에서 자격증을 취득해 피트니스 코치가 되어, 자신에게 크게 도움이 되었던 깨달음을 여성들에게 전수하고 있다. 그것은 신체적 건강은 신체 사이즈가 아니라 정신이 얼마나 건강한지에 달려 있다는 깨달음이다. 건강은 자신을 사랑하고 보살피는 것에서 시작된다.

크리스틴은 회원들에게 거울을 보고 자신과 하이파이브 하라고 지도했다. 그녀는 "처음 가르쳐주었을 때 여성 회원들은 하이파이브 하는 것을 주저했어요. 자신이 하이파이브 받을 자격이 없다고 생각했기 때문이죠. 게다가 자신을 1순위로 생각하는 사람은 별로 없잖아요. 하지만 다들 하이파이브 하면서 자존감도 높아지고 웃음을 되찾는 모습을 봤어요. 돈으로도 살 수 없는 걸 하이파이브가 선사해주었죠!"

그래서 크리스틴은 1단계 더 발전시켜보기로 했다. 그녀는 자신과 하이파이브 하면서 외칠 수 있도록 '넌 날마다 더 나아지고 있어.'와 '네가 자랑스러워.' 같은 문구를 화장실 거울에 붙였다. 현관 앞에 걸려 있는 거울에도 붙여 놓았다. 그녀는 이 행동이 삶에 얼마나 큰 도움이 되는지 깨달았다. 집에 온 손님들도 그 문구를 보길 바랐다. 놀랍지 않은가? 그녀는 자신과 하이파이브를 반복하면 자신을 사랑한다는 걸 스스로 증명하는 행동을 하게 된다는 사실을 발견했다.

"가장 중요한 건 자신이에요. 하이파이브는 그 말을 실천하도록 만들죠."

하이파이브는 거울을 보며 손을 맞대는 행동 그 이상이다. 삶을 대하는 전반적인 태도라 볼 수 있다. 이는 당신이 주도권을 쥐고 삶을 더 행복하게 만들어갈 수 있는 태도와 마음가짐을 키우는 것이다. 이 도구들은 과거에 쌓인 먼지를 털어내고 당신과 미래에 관해 새롭고 긍정적인 믿음을 가지도록 도와준다.

하이파이브를 하다 보면 하고자 하는 의지가 수그러들 때가 있다. 정체된 느낌이 들고 생각이 비관적인 방향으로 흘러가고 자신감이 사라지는 순간이 올 것이다. 하이파이브 정신이 사라졌을 때는 그것을 즉시 알아차릴 수 있다. 별로 행동하고 싶은 마음이 들지 않을 것이기 때문이다. 이처럼 자연스럽게 발생하는 부정적인 감정의 방향을 돌려놓는 법을 알아보자. 제대로 이해하게 된다면 거울 속의 자신과 하이파이브하는 것만큼 쉽게 그것을 극복할 수 있다.

당신은 삶을 변화시키는 데 필요한 것들을 이미 가지고 있다. 항상 당신의 감정을 끌어내리는 것들이 무엇인가? 당신은 앞으로 하나씩 이 느낌들에 대해 이해하고 하이파이브 마음가짐을 되찾아 앞으로 나아가기 위한 전략들을 익힐 것이다.

Q. | 다른 사람과 하이파이브 하는 건 안 되는가?

당신은 이미 다른 이들과 충분히 하이파이브를 했다. 다른 이들을 바라보며 그들이 무엇을 원하고 무엇을 필요로 하는지 생각하는 데 너무 많은 시간을 들이고 있다. 당신은 당신의 가장 뒷순위에 놓여 있다. 그래서 남들 시선을 의식해서 외모와 표정, 반응을 관리하는 것이다. 당신은 자신의 가치와 자존감이 다른 사람들의 인식에 달렸다고 생각한다. 그들이 당신을 똑똑하고 가치 있고 충분히 괜찮은 사람이라고 생각한다면, 당신은 스스로 똑똑하고 가치 있고 충분히 괜찮은 사람이라고 느낀다.

자신의 가치를 타인의 인정 속에서 찾는다면 당신은 엉뚱한 거울을 들여다보는 것이다. 소셜미디어에 '좋아요'가 100만 개 달린다고 한들 당신이 좋아하지 않는다면 아무 의미가 없다. 초점을 외부의 인정에서 자신의 인정으로 옮겨라. 그저 살아 숨 쉬며 지금 이 순간을 살기 위해 여기 서 있는 것을 인정하라.

PART 3

남에게 맞추느라
나를 팽개쳤다면

7장

왜 다른 이의 삶은
쉬워 보일까?

질투는
다음 도약을 위한 신호

질투는 나의 오랜 문제점이었다. 집을 산 친구가 파티를 크게 연 적이 있다. 그 집은 당시 내가 사는 집보다 5배나 컸다. 그때 나는 아이들도 어렸고 대출금도 겨우 갚고 있는 상황이었다. 친구에게 너무 질투가 났다. 그 많은 화살은 다 남편에게 돌아갔고, 집으로 돌아오는 차 안에서 우리는 크게 다퉜다. 내가 "우리는 평생 그렇게 좋은 집에서 살 수 없을 거야."라고 말하며 울었기 때문이다.

내가 원하는 것을 다른 사람이 가지고 있으면, 나는 절대 가지지 못할 것이라 믿었다. 질투를 유리하게 써먹는 법을 몰랐다. 질투심이 그저 불안만을 촉발했다. 스스로 끊임없이 타인과 비교한다면 현실성 없이 원하는 것만 많다고 느끼게 된다. 당신이 주변부에 앉아 구경만 하는 사이에 다른 사람들은 주인공이 될 것이다. 질투는 발현되지 못한 열망이다. 그러니 질투심을 유용하게 사용하는 법을 알아야 한다.

나는 다른 사람의 성공이 내 성공이길 바랐다. 그들이 이미 모든 성공을 거머쥐어 뒤따라가는 나는 성공하기엔 늦었다고 생각했다. 그냥 나의 열등감을 인정하는 수밖에 없다고 여겼다. 우리는 모두 인생의 어느 시점에서 자신이 꿈꾸던 삶을 도둑맞은 것 같다는 느낌을 받을 때가 있다. 다른 사람이 그것을 이미 성취했기 때문이다. 그 때문에 우리는 자신을 포기한다. 질투심은 보통 부정적인 감정을 키운다. 하지만 질투심은 당신이 갈구하는 무언가를 충분히 할 수 있다는 것을 가리키는 척도이기도 하다.

그에 앞서 당신이 성공을 어떻게 인식하고 있는지 점검해볼 필요가 있다. 당신은 성공과 행복의 양이 제한되어 있다고 믿는가? 나는 오랫동안 그렇게 믿었고, 그것이 나를 꼼짝 못하게 만들었다. 모두에게 돌아갈 만큼 많은 성공과 행복이 존재하지만 내게 돌아올 것은 없다고 생각했다. 그러나 행복과 성공은 무한하며 모두를 위한 것임을 이해하게 되자 용기가 생겼다. 그 생각만으로도 고삐를 늦추고 질투에서 벗어나 내가 원하는 것을 얻기 위한 일을 시작할 수 있었다.

우리는 남을 시기하지 말라는 말을 아주 어린 시절부터 들었다. 마치 그것이 부끄러운 일이라도 되는 양 말이다. 하지만 질투는 단지 막혀 있는 욕망일 뿐이다. 질투를 영감으로 바꿀 수 있다면 당신을 막고 있던 마음속 응어리는 사라질 것이다. 질투를 다음 도약을 위한 신호로 받아들인다면, 당신이 느끼는 좌절과 불안은 금방 사라질 것이다.

"나 벌써 22살인걸?"

하루는 딸이 SNS를 보고 있길래, 무슨 생각을 하고 있냐고 물었다. 딸아이는 말했다.

"다른 사람의 SNS 게시물을 보면 나도 해보고 싶어. 하지만 내가 아무리 원해도 나한테 그런 일이 일어나지 않을 것 같아. 그럴 땐 내가 작아지는 기분이야."

"넌 하고 싶은데 절대 일어날 것 같지 않은 일이 뭔데?"

"얼마 전에 친구가 멕시코에 갔는데, 거기서 일자리도 구하고 해변에 살면서 인생 최고의 나날을 보내고 있대."

"멋지구나. 너도 한번 해보지 그래?"

"엄마, 말이 쉽지. 그 애를 보니 질투가 났는데… 그건 나도 해보고 싶어서겠지. 난 항상 많은 곳을 여행하는 걸 꿈꿨으니까. 하지만 그 친구처럼 할 수 없을 거야. 왜냐하면 내 마음속 깊은 곳에서는 '쟤는 좋겠다. 난 저렇게는 못 살 거야.'라고 말하고 있으니까. 이미 때가 늦은 것 같은 느낌이야. 나 벌써 22살인걸?"

딸이 말하는 순간 '그게 무슨 말도 안 되는 소리니? 지금 농담하는 거지?'라는 생각부터 들었다. 다행히 딸에게는 이렇게 말하지 않았다. 딸아이가 벌써부터 스스로에게 큰 부담을 지고 있다는 생각이 들었다. 이제 겨우 인생을 시작했을 뿐인데 말이다. 딸은 아직 시간이 많이 남았다. 그런 멋진 도전은 얼마든지 할 수 있다. 하지만 이 말도 하지 않았다. 딸의 말을 그저 듣기만 했다.

"지금 내가 가장 하고 싶은 건 여행하면서 일하는 거야. 여행은 내 꿈이지. 하지만 어쨌든 여행하지 못하도록 발목을 잡는 이유가 많아. 나는 무모한 사람이 아니거든. 그래서 무조건 원하는 걸 다 실천하진 못해. 멕시코에 있는 그 친구를 보니 부럽긴 한데, 그건 걔한테나 일어날 것 같은 일이라서."

"네 얘기를 들어만 줄까, 아니면 내 의견도 듣고 싶니?"

딸은 나를 바라보며 말했다.

"엄마 의견을 듣고 싶어."

"무엇보다도 너는 너 자신을 믿지 못하고 있어. 그 마음이 너의 진정한 꿈과 열망이 무엇인지 알고도, 그것을 펼치도록 허락하지 않는 것 같구나. 너는 네가 원하는 걸 정확히 알고 있어. 걱정되는 건 지극히 정상이야. 사람은 누구나 다 그래. 네가 행동에 옮기기 두려워하는 일을 실천하는 다른 사람들을 보면서 부러워하는 건 당연해. 하지만 네가 원하는 것에 대해 생각만 한다면 그건 꿈이 아니야. 그냥 바람일 뿐이지. 꿈은 행동을 요구한단다. 네가 앞으로 나아갈 용기를 가질 수 있을 때만 꿈은 비로소 현실이 되는 거란다."

　당신도 이 대화에 공감된다면 확실히 알아야 할 필요가 있다. 세상은 당신에게 가질 수 없다고 말한 적 없다. '당신'이 그렇게 생각했을 뿐이다. 당신보다 꿈을 먼저 이룬 이들이 당신에게 그저 패배감만을 주는 것은 아니다. 그들은 길을 밝혀주고 있다. 당신이 달리고 있는 길에서 하이파이브를 건네고 있다.

　자신을 최고의 파트너로 받아들인다면 갈망하는 것을 얻는 데 큰 도움이 된다. 그리고 당신을 막아서는 장애물을 행동에 나서기 위한 영감으로 전환하라. 살아가면서 어느 영역에서든 질투심이 일어날 때 그것을 영감으로 바꾸라. 질투는 호기심이나 열망처럼 길을 안내하는 도구이다. 당신의 삶이 나아가야 할 방향을 말해주고 있다. 우리 딸은 멕시코에 사는 친구를 질투했다. 그건 좋은 일이다. 질투가 딸이 가장 열망하는 것을 향해 그녀를 이끌고 있기 때문이다. 당신도 당신이 열망하는 일을 하는 사람을 보면 괴로울 것이다. 대부분 자신만 정체된 느낌을 받는다. 하지만 그 감정을 자신에게 유리한 방향으로 활용할 줄 알아야 한다. 우리 딸의 경우 그 친구에게 이렇게 말할 수 있다.

　"정말 멋져. 나도 너처럼 해보고 싶은데 혹시 어떻게 했는지 알려줄 수 있을까?"

이것이 당신이 원하는 것을 향해 방향을 돌리는 데 필요한 전부이다. 그 행동만으로도 질투심을 영감으로 바꿀 수 있다. 또한 SNS를 뒤져서 비슷한 계정을 팔로우할 수도 있다. 원하는 일의 더 많은 성공 사례를 볼수록, 망상활성계는 질투심을 더 빠르게 전환해 그것이 당신에게도 일어날 수 있도록 도와준다. 원하는 것을 향해 나아가면 질투는 사라진다. 그리고 당신이 원하는 그 운명적인 일이 당신에게 한 걸음 더 가까이 다가올 것이다.

그렇다면 어떻게 시작하면 좋을지 알아보자. 특히 자신이 원하는 것을 확실히 모를 때는 어떻게 하면 좋을까. 일단 주위를 한번 둘러보라. 당신은 누구를 질투하는가? 당신은 누군가의 에너지, 열정, 태도를 질투할 수도 있고, 유튜브 채널이나 사업을 부러워할 수도 있다. 아니면 돈독한 친구나 자신만의 라이프스타일을 구축하는 것, 혹은 사는 장소나 끊임없이 새로운 일에 도전하고 최선을 다하는 모습을 부러워할 수도 있다.

타인의 성공이 당신을
불안하게 할 때

가만히 앉아서 질투에 압도당하지 마라. 내가 이 사람에게 구체적으로 어떤 것 때문에 질투를 느끼는가? 우리는 보통 질투와 동시에 불안을 느낀다. 다른 이들의 성취를 원하는 것이 잘못된 행동이라 생각해 그 감정을 인정하지 않는다. 그래서 당신은 자신이 그것을 현실화할 수 있다고 믿지 않는 것이다.

새로 인테리어한 친구의 부엌과 당신의 초라한 부엌이 비교되어 우울한 감정에 빠진다. 그래서 남편에게 화를 낸다. 여태껏 당신 부부가 저축하지 않아서 집을 인테리어할 수 없기 때문이다. 앞서 말했듯 나와 남편이 금전적으로 어려움을 겪고 있을 때, 나는 이런 상황을 여러 번 겪었다. 친구가 좋은 가구를 사거나 새로운 차를 뽑거나 멋진 휴가를 떠날 때 질투심이 미치도록 일었다. 나는 그런 것들을 이룰 능력이 없다고 생각했기 때문이다.

"우리는 절대로 저런 삶을 살 수 없을 거야."라고 생각하며 슬퍼했다. 지금 생각해보면 성공하고 싶은 나의 욕망과 야망 때문이었다. 그 당시 나는 나의 야망을 받아들이지 않았다. 남편이 돈을 더 많이 벌어 내가 원하는 것을 주길 바랐다. 하지만 당신의 욕망을 충족시키는 것은 당신의 몫이지 다른 사람의 책임이 아니다. 거울 속의 자신을 바라보고 자신이 원하는 것이 무엇인지 솔직해져야 한다. 그래야만 원하는 것을 얻을 수 있다.

어쩌면 동생의 다이어트 성공이 당신을 초조하게 만들 수도 있을 것이다. 그는 SNS에 자신의 변화를 올렸고, 그것을 본 당신은 나도 1년 전에 운동을 시작했더라면 좋았을 거라고 생각한다. 처음에는 동생의 게시물을 보고 다이어트 다짐을 했지만, 이제는 살 빠진 그의 모습을 보고 기분이 언짢아진다. 심지어 그가 SNS상에서 아주 행복하고 열정적으로 비치는 것이 아니꼬울 수도 있다.

동생의 게시물을 보고 질투가 난다는 것은 당신 역시 그것을 원한다는 의미이다. 그 일에 도전하지 못하고 있는 것일 뿐이다. 열망이 당신을 끌어당김에도 의심과 두려움이 열망을 계속 밀어내는 상황이라면 어디를 가나 그것이 보일 것이다. 당신에게 운명 지어진 어떤 것을 너무나 원하기 때문에 당신이 아직 그것을 가지지 못했다고 생각하면 가슴이 아픈 것이다.

　이런 상황은 직장이나 사업에서도 발생한다. 예를 들면 당신은 친구의 화장품 사업이 성공하지 못할 거라 생각했다. 그녀는 당신에게 제품을 사용해볼 것을 여러 번 권했다. 솔직히 일에 대한 그녀의 열정이 인상적이었던 반면 좀 부담스럽기도 했다. 더 솔직해지자면, 그녀가 아주 쉽게 많은 돈을 벌고 있는 것처럼 보였다. 나는 그녀가 이 일을 통해 친구를 많이 얻게 되었다는 사실조차 부러웠다.

　끌어당김에 굴복해보라. 그녀가 하는 일에는 당신이 원하는 뭔가가 있다. 그걸 어떻게 아느냐고? 당신이 그녀에게 질투를 느꼈기 때문이다. 당신은 운이 좋게도 당신의 관심을 끄는 일을 하는 사람에게 당장 전화를 걸어 물어볼 수 있다. 당신이 화장품을 판매해야 한다는 것은 아니다. 그녀에게 연락해서 그녀가 원하는 일을 하게 된 과정을 물어본다면 그 대화를 통해 당신에게 결핍된 것이 무엇인지 단서를 발견할 것이다. 전화를 거는 것만으로도 의심을 지우고 질투심을 열의로 바꿀 수 있다.

　어쩌면 당신은 자녀들이 모두 대학에 가고 집에 홀로 남겨졌을지도 모른다. 당신은 아이들이 집에 있었던 때가 그립다. 또한 직장을 다니면서 육아를 병행한 친구들을 보면 너무 불안하고 부러운 감정이 밀려든다. 당신은 경력단절 되어 어디서부터 다시 해야 할지 모르는 상황이니 말이다. 하지만 무엇을 해야 할지 모르는 게 아무것도 하지 않는 이유가 될 수는 없다. 당신이 먼저 해야 할 일은 그 친구들과 이야기하는 것이다. 그리고 당신이 열망하는 인생의 다음 장을 열려면 무엇이 필요한지 주변 사람에게 묻고 조언을 구하라.

다른 사람들을 부러워하거나 판단하기란 쉽다. 자신의 삶에 뭔가가 결핍되어 있다는 것을 스스로 인정하는 일이 어려운 것이다. 행동에 나서지 않는다면 자기 회의와 질투는 계속 커져만 갈 것이다. 당신은 인생의 다음 장에서 아주 멋진 일을 저질러야 한다. 그것이 당신에게 주어진 운명이다. 질투가 당신을 막아서게 하지 마라. 질투의 감정을 영감으로 바꿔 그 멋진 일을 찾아 나서라.

질투를 꿈을 좇는 행동으로
바꿔주는 질문들

당신에게만 이런 조언을 하는 것이 아니다. 나도 질투가 나의 내면을 갉아먹곤 했다. 질투는 정상적인 감정이다. 나도 SNS를 훑어볼 때마다 항상 그런 감정이 들썩인다.

대신 내가 이루어야 하는 꿈에 더 가까이 다가설 수 있음을 안다. 나는 원하는 것을 이루기 위해 질투심을 활용했기 때문이다. 그 감정을 깊숙이 들여다보고 행동을 촉발하는 신호로 전환한다.

현재 내가 내 직업과 관련해 가장 부러워하는 이들은 일찌감치 팟캐스트를 시작한 사람들이다. 내 친구는 7년간 팟캐스트 프로그램을 진행하고 있다. 나는 그가 너무나 부럽다. 사실 내 주변에는 팟캐스트로 큰 인기를 얻은 친구들이 아주 많고, 나는 그들 모두를 질투한다. 한둘이 아니어서 전부 나열하기 힘들 정도다.

내 재능은 나의 목소리다. 나는 누군가와 삶에 대해 말할 때 최고의 기량을 발휘한다. 그것이 내가 하는 일이다. 따라서 팟캐스트는 내게 물 마시기처럼 자연스럽고 쉬운 일이다. 적성에 아주 잘 맞을 것이 분명하다. 그렇다면 왜 나는 팟캐스트를 시작하지 않았을까? 오랫동안 당신의 귀에 들려온 꿈을 좇지 말아야 할 이유와 같은 이유에서다. 당신은 너무나 그것을 원한다. 하지만 할 수 없을 것이라는 의심이 당신을 장악해버린다. 나도 그랬다.

그 누구도 내가 팟캐스트 녹음하는 걸 막지 않는다. 그 행동을 막는 유일한 사람은 다름 아닌 나다. 나는 내게 '너무 늦

없어. 나는 이미 기회를 놓쳤어. 내 팟캐스트가 성공할 가능성은 없어. 이미 많은 사람이 팟캐스트 시장에 진입해 있는 상황에서 무슨 수로 내가 차별화된 방송을 할 수 있겠어?'라고 생각했다.

이 모든 이야기를 털어놓고 나니 궁금해졌다. 현재 몇 개의 팟캐스트가 존재할까? 나는 10만 개 정도일 것이라 예상했다. 검색해보니… 놀라지 마시라. 거의 200만 개의 팟캐스트가 있었다. 방송 프로그램이 자그마치 200만 개란다! '200만 개의 팟캐스트'를 보았을 때 나는 가슴이 덜컹 내려앉는 느낌이었다. 이런 일이 일어났을 때 당신은 마음이 주어진 것을 계속 받아들일 수 있도록 만들기 위해 필터를 닦아야 한다. 심리적으로 위축된 마음을 쫓아버리고 "그래도 나는 할 거야."라는 마음으로 대체해야 한다.

자신이 느끼는 질투의 감정에 관심을 기울이고 그것이 당신의 영혼이 가는 길에 대해 무슨 말을 해주는지 알아봐야 한다. 그러지 않으면 질투는 더 거세지고 큰소리를 낼 것이다. 질투는 당신의 영혼을 삼켜버릴 것이다. 당신은 운명적인 목적지를 바라보는 것이 아니라 당신보다 앞서가는 다른 사람들을 쳐다만 보게 될 것이다. 질투심을 꿈을 쫓는 행동으로 전환하는 데 도움이 될 몇 가지 질문들을 살펴보자.

- 당신은 누구에게 질투를 느끼는가?

- 그들이 하는 일이나 가진 것 중 무엇이 당신의 관심을 끄는가?

- 당신은 어느 부분에서 영감을 받는가?

- 어느 부분이 마음에 들지 않는가?

- 그것을 갖기 위해 어떻게 수정할 것인가?

- 당신이 그것을 하지 못하게 막아온 부정적인 생각은 무엇인가?

스스로 이 질문들을 던져보면 당신의 영혼이 무슨 말을 하고자 하는지 분명해진다. 행동에 나서기 시작하는 순간 질투심은 저절로 사라질 것이며 원하는 방향으로 나아갈 수 있게 된다. 우리 딸도 똑같은 현상을 경험했다. 나와 대화한 후 며칠이 지나 딸은 멕시코에 있는 친구에게 연락했다. 여행 일정을 짜고, 대학 졸업 후 다니기로 한 회사에 원래 예정된 것보다 몇 개월 뒤에 근무를 시작해도 되는지 물었다. 딸아이는 마치 무슨 묘약을 마신 것처럼 보였다. 갑자기 에너지와 생기가 넘쳤다. 딸은 질투심을 영감으로 전환해 원하는 것을 얻기 위해 행동에 나섰다. 딸에게 그보다 더 힘이 되는 일은 없었다.

또 하나 중요한 교훈이 있다. 변화하기 위해, 원하는 일을 이루기 위해 행동할 의향이 없다면 질투할 자격도 없다. 이는 자신이 가지지 못한 것에 집중하는 습관은 있지만, 그것을 진정으로 얻고 싶지는 않다는 뜻이다.

질투를 열정으로 바꾸는 것은 인간 본성에 관한 것이다. 이 습관은 내가 근본적인 인간 본성을 믿고 있음을 확인해준다. 즉, 우리 모두 이 영광스러운 삶을 공동으로 창조하고 서로 깊숙이 연결되어 있다. 한 사람의 성공은 모두가 공유하는 성공이 될 수 있다. 서로의 성취로 인해 고양되고 다른 이를 본보기 삼아 영감을 얻는다. 따라서 앞서가는 이들과 경쟁하는 대신 당신이 원하는 것을 얻을 수 있도록 도와주는 협력자로 삼아라. 그리고 앞으로 나아갈 자신감을 찾게 되면, 당신 뒤에서 여전히 부정적인 감정으로 막혀 있는 누군가를 위해 길을 밝혀주는 등불이 되어야 함을 명심하라.

Q. | 그냥 허공에 두 손을 마주치면서 하이파이브 하는 건 안 되는가?

그건 하이파이브가 아니다. 어색한 박수일 뿐이다. 거울은 필요하다. 긍정적인 생각을 거울에 비친 당신의 모습과 융합시키기 위해 거울이 있는 편이 훨씬 더 유리하다. 이 습관은 자신과 새로운 협력 관계를 맺는 것이다. 당신은 바쁜 일상 속에서 자신의 일부를 잃어버렸다. 나 또한 그렇다. 아침에 하는 하이파이브는 당신의 요구, 목표, 꿈, 그리고 당신을 둘러싸고 있는 더 큰 힘과 더 잘 연결되는 가장 빠른 방법이다.

8장

아무도 보낸 적 없는
죄책감이라는 괴물

죄책감은 남이 아니라
나 스스로 만드는 감정

죄책감을 쉽게 느낀다면 그 감정에서 빨리 벗어나는 법을 배워야 한다. 죄책감은 말의 고삐와도 같다. 말은 햇살 속에서 갈기를 바람에 휘날리며 들판을 가로질러 질주하기를 원한다. 그러나 죄책감의 고삐는 말을 단단히 끌어당기며 정체시켜 결국은 그 자리에 멈추게 만든다. 당신이 사랑하는 누군가는 당신이 꿈을 좇아 달리면 상처받거나 실망할지도 모른다. 그러니 복종할 수밖에 없는 것이다.

예를 들어보자. 당신이 갑자기 마라톤 훈련을 하면 배우자는 질책할 것이다. 당신이 주말에 공인중개사 일을 하면 그 사실을 알게 된 상사는 화를 낼 것이다. 당신이 직장 때문에 다른 지역으로 이사 가야 한다면 아이들은 정든 학교를 억지로 떠나게 되어 당신을 절대로 용서하지 않을 것이다. 혹은 다음과 같이 미묘한 때도 있다.

"네, 이미 일에 파묻혀 있긴 하지만 도와드려야죠."

"다 큰 아이들의 독립을 바란다면 제가 나쁜 엄마일까요?"

"시누이 집에 가기 싫다고 하면 나쁜 사람인가요?"

가장 흥미로운 사실은 죄책감이 오해받고 있다는 것이다.

당신은 당신이 다른 사람들 때문에 죄책감을 느낀다고 생각한다. 하지만 죄책감은 스스로 만드는 감정이다. 죄책감은 당신의 가치관과 정서적 트라우마에 밀접하게 연관된다. 죄책감을 느끼게 되는 이유는 당신의 언행에 다른 사람이 상처를 입거나 기분 나빠할 것이라 믿기 때문이다.

다른 사람이 실망할 거라는 생각이 당신의 죄책감을 부채질한다. 차라리 아무 말도 하지 않는 편이 더 낫다. 그 사람들을 상대하지 않는 편이 더 쉽다. 당신은 스스로 무엇을 원하는지 알고 있다. 당신은 자신과 자신의 요구를 우선시할 때 일어날 수 있는 감정적 충돌 상황에 직면하고 싶지 않은 것이다. 또한 죄책감은 당신을 불편하게 만들어 동굴 속으로 숨게 한다.

당신은 이사 가고 싶지만, 부모님이 슬퍼하실 것 같아 죄책감을 느낀다. 당신은 회사에서 승진했지만, 승진 못 한 동료에게 죄책감을 느낀다. 직장에 다시 나가고 싶지만, 아이를 돌봐줄 사람이 없어서 죄책감을 느낀다. 나도 이러한 갈등을 겪는다. 주변 사람들을 실망시키는 쪽을 택하면서 자신을 존중하는 일은 쉽지 않다. 하지만 그렇게 할 수 있다. 그리고 그것이 당신의 삶을 바꿀 것이다.

실망과 사랑은
공존할 수 있다

　　우리 아버지는 중고 당구대를 복원하는 취미를 가지셨다. 내가 결혼했을 때 아버지는 결혼 선물로 1870년대식 당구대를 복원해주셨다. 우리가 사들인 오래된 집과 같은 시대에 만들어진 것이었다. 결혼한 이후 그 당구대는 수년간 부모님 댁의 지하실에 고이 모셔져 있었다. 우리 집에는 놓을 공간이 없었기 때문이다. 그러다 내 사업이 잘 풀리기 시작하면서 아이들 놀이방을 새로 만들 수 있었다. 아버지께 이 말씀을 드리자 흥분하시며 이렇게 말씀하셨다.

　"잘됐구나! 그럼 당구대를 놓을 공간이 생기겠구나!"

　"잠깐만요, 아버지. 당구대라고요?"

　분명히 죄책감은 당신의 감각과 능력을 심각하게 저해한다. 이때 사람들을 실망시키지 말아야 한다는 의무감이 또 발동했다. 아버지는 전문가에게 당구대 조립을 의뢰했다. 당구대는 새로 만든 방의 절반을 차지했다. 아이들은 당구대가 놓여 있지 않은 나머지 공간에서 놀았다. 당구대는 마치 거대한 코끼리처럼 방 한복판을 차지했다. 우리는 당구대를 원래 용도로 거의 사용하지 않았기 때문에 그 위에 레고를 쌓아두었다. 그러다 아이들이 자라고 놀이방이 필요하지 않게 되었다. 오히려 나의 사업이 성장하면서 사무실이 필요해졌다. 그래도 감히 당구대를 치울 생각은 못 했다.

2년이 넘도록 당구대는 사무실에 자리했다. 사무실에는 책상을 놓을 공간조차 없었다. 직원들은 우리 집 식탁에 앉아서 일해야만 했다. 사무 공간을 되찾고 싶어도 죄책감이 당구대를 옮기지 못하도록 발목 잡았다. 그 이유가 무엇이었을까? 당구대를 볼 때마다 아버지가 생각났다. 나는 아버지를 실망시켜 드리고 싶지 않았다. 부모님과 가까이 살고 있지 않았기에 부모님 물건을 내 집에 두고 싶었다.

나는 매일 당구대를 치워야겠다고 생각했다. 부모님은 1년에 딱 몇 번 정도만 우리 집을 방문하신다. 당구대를 다른 곳으로 옮겨도 아버지께서는 이해하시겠지만, 그것을 창고에 넣어두는 것은 아버지를 배신하는 행위로 느껴졌다. 나는 사람들을 기쁘게 해주는 사람이다. 누군가를 실망시키면 내 몸이 아플 정도였다.

당신이 진정으로 다른 사람을 기쁘게 하는 일을 원한다면 아주 좋은 일이다. 하지만 다른 사람들이 당신에게 기분 나빠하는 것이 두려워 자신의 요구를 저버리기 시작할 때 문제가 된다. 사람들을 기쁘게 해주어야 한다고 생각하는 사람은 사람들의 정서적 반응을 조작하기 위해 무슨 일이든 할 것이다. 여기서 나는 일부러 '조작'이라는 단어를 사용했다. 그래야 당신이 자극을 받을 것이기 때문이다.

사람들을 기쁘게 해주려고 하는 사람들은 자신이 착하다 고 생각한다. 당신이 그런 사람이라면, 누군가가 당신에 대해 어떻게 생각할지 엄청나게 신경 쓸 것이다. 그래서 자신을 다 른 사람들에게 맞추고 사람들의 호감을 사고 당신에게 화를 내는 사람이 없도록 만드는 데 에너지를 쏟는다. 당신은 사람 들이 당신에 대해 어떻게 생각하는지를 조작하고 있다. 자신 을 있는 그대로 보여주고 자신에게 맞는 결정을 내리는 대신 스스로 곤경에 빠뜨려(나의 경우에는 당구대를 그대로 두는 것) 사람 들이 당신을 못마땅해하지 못하도록 만든다.

내가 당구대를 책상으로 사용하면서 깨달은 사실이 있다. 내가 다른 사람들에게 용기와 자신감 찾는 방법을 가르쳐 주 고 싶다면, 나 또한 용기와 자신감을 가지고 아버지께 말씀을 드려야 한다는 것이다. 나는 사무실이 필요하다는 나의 요구 와 타협하고 있었다. 내 감정을 아버지께 이야기하는 것이 너 무나 두려웠기 때문이다. 나는 매일 사무실에 갈 때면 또다시 갈등하며 아버지와의 대화를 회피했다. 그 갈등이 계속해서 나를 괴롭혔다. 이런 상황은 우리 아버지에게도 온당치 못했다. 아버지는 내가 갈등을 겪기를 바라고 당구대를 선물해주신 것이 아니었다. 내가 즐기기를 바라고 주신 것이었다.

따라서 이미 언급한 말이지만 한 번만 더 반복하겠다. 사람들을 기쁘게 해주려는 행동은 다른 사람들에게서 비롯된 행동이 아니다. 당신의 불안에서 비롯된 것이다. 나의 마음속 깊은 곳에 도사리고 있는 불안은 사람들이 내게 화내는 것에 대한 두려움이다. 여기까지 깨달을 수 있었던 것은 제한적 믿음을 전환한 덕분이었다. 사람들은 당신에게 실망하거나 당신을 못마땅해할 수 있지만, 여전히 당신을 사랑할 수도 있다.

나의 아이들은 나를 화나고 슬프게 만들고 상처를 안겨준다. 그래도 그 행동이 단 한 번도 아이들을 향한 나의 사랑에 영향을 준 적은 없다. 하지만 정작 나는 부모님이 내가 하는 행동을 수긍하실 때만 나를 사랑하신다고 믿었다. 5초의 법칙처럼 아주 간단한 것을 말해 줄 수 있다면 좋겠다. '5-4-3-2-1' 하고 카운트다운만 하면 마법처럼 문제가 해결된다면 좋을 것이다. 하지만 인생은 그렇게 간단하지 않다. 인간관계란 주고받는 것이기 때문이다. 나는 사랑과 실망은 공존할 수 있으며 그런 경우가 많다는 사실을 깨닫는 데 45년이라는 시간이 걸렸다.

착한 딸 코스프레는 그만

껄끄러운 대화는 더 이상 대화를 미룰 수 없다는 판단이 들 때 이루어진다. 나도 그러했다. 아버지께 전화를 걸었다. 일상적인 대화로 시간을 조금 끈 뒤에 진심을 털어놓았다.

"아버지, 제가 당구대 진짜 마음에 들어 하는 거 아시잖아요. 근데 집에 사무실이 필요해요."

"사무실에 당구대가 있으면 정말 근사하지!"

그 말을 듣자 내 죄책감은 더 가중되었다. 사무실에 책상을 놓을 공간이 없다고 설명해야 했다. 아버지는 근무 시간에는 당구대 위에 합판을 놓아서 쓰고, 그 이후에는 합판을 치우고 당구를 치는 것이 어떻겠냐고 제안하셨다. 나쁘지 않은 생각이었지만 내가 생각한 사무실 구조에는 맞지 않았다. 심장이 쿵쾅거리고 손에서 땀이 났다. 아버지는 내가 조언을 구하려고 전화했다고 생각하셨다. 그러나 나는 아버지가 달가워하시지 않을 해결책을 이미 가지고 있었고 그걸 말씀드리려던 참이었다.

나는 숨을 크게 들이마신 후, 당구대를 해체해 보관소에 둘 예정이라고 말씀드렸다. 그리고 사무실을 별도로 내게 되거나 더 큰 집으로 이사하게 되면 당구대만을 놓는 전용 방을 마련하겠다고 약속했다. 드디어 제대로 말씀드린 것이다. 이제 아버지의 불호령을 기다리는 수밖에 없었다.

그 순간 나는 아버지를 실망시킨 걸까? 그렇다. 내가 죄책감을 느꼈을까? 그렇다. 전문가들이 와서 당구대를 가지고 갔을 때, 나는 아주 몹쓸 딸이 된 것 같았다. 아버지는 당구대가 없는 사무실을 보고 잔뜩 실망한 표정을 지으셨다. 나는 울고 싶었다. 그리고 그 뒤로 부모님이 나에게 뭔가를 주겠다고 하실 때마다 어머니는 "너 정말 그거 사용할 거니? 아니면 우리가 준 다른 물건들과 함께 지하실에서 썩힐 거니?"라고 물어보신다. 어머니도 사람인지라 서운한 것을 이해할 수 있다. 그리고 여전히 우리가 서로 아주 많이 사랑한다는 사실도 알고 있다.

솔직히 말하자면 아직도 부모님에게 죄송하다. 농담처럼 말씀하셨지만, 어머니도 서운해하신다. 내가 수백 번 죄송하다고 말했대도 사랑하는 사람에게 상처 주는 일은 가슴 아프다. 나는 사람들이 나 때문에 실망하는 게 싫다. 그럴 때면 속이 불편한 느낌이 든다. 위경련과 약간 비슷하다. 실제로 육체적인 고통이 느껴지므로 죄책감의 '고통'이라고 부르기도 한다. 하지만 나는 그 감정을 '나는 나쁜 딸이야.'라거나 '난 이기적인 인간이야.'라고 치부해 버리는 단계로 끌어올리지 않도록 자제하는 법을 터득했다.

　도움이 된 방법 중 하나는 나 자신에게 나의 의도를 상기시키는 것이다. 부모님의 감정을 상하게 하거나 감사함을 모르는 행동을 하려는 의도가 아니었다는 것을 스스로 분명히 할 필요가 있다. 내 의도는 사무실을 만들어 사업을 성장시키는 것이었다. 당신의 부모님이나 당신에게 실망한 누군가도 사람이다. 그들이 느끼고 싶은 감정을 느끼고 하고 싶은 말을 할 여지를 주라. 그래도 괜찮다. 물론 그렇게 하는 것이 쉬운 일은 아니다.

　삶을 살아가면서 사랑하는 사람들에게 상처 주지 않는 것은 거의 불가능하다. 하지만 다른 사람들을 우선시하면 당신 자신에게 상처를 입힐 수도 있다는 사실을 알아야 한다. 삶은 온전히 살아내고 긍정적인 것과 부정적인 것, 감사, 죄책감, 슬픔, 사랑 등 모두 느끼는 것에 그 의미가 있다. 좋은 삶은 나쁜 날들로 가득하고, 사랑하는 관계는 상처의 순간들로 가득하다. 그것이 삶이나 관계를 솔직하고 진실되게 만든다.

　사람들이 당신에게 실망하거나 화내면서도 여전히 당신을 사랑할 수 있다는 사실을 명심하라. 아버지께 내 생각을 솔직히 말씀드린 날, 나는 소중한 교훈을 얻었다. 사랑하는 사람을 실망시키는 것이 두려운 만큼 항상 자신이 원하는 것이 무엇인지에 대해 솔직해질 필요가 있다는 것이다. 이는 확실히 남성들보다 여성들에게 더 어려운 일이다.

"저는 미안해하지 않아요.
대신 감사해요."

몇 년 전, 기업의 금융사업부를 위한 워크숍 진행을 요청받았다. 첫해에 나는 24개의 도시를 방문해 CEO들을 대상으로 세미나를 진행했다. 그다음 해에도 똑같은 세미나를 진행했지만, 여성 CEO들이 겪는 문제들에 초점을 맞추어 진행했다. 이 강연을 진행하면서 CEO들의 성별이 섞여 있는 경우에는 죄책감 관리에 대해 조언해달라는 요청을 한 번도 받아본 적이 없었다. 그런데 여성 CEO 행사가 있을 때만 매번 그 주제가 반복해서 등장했다. 특히 꿈과 야망에 관해 이야기할 때면 더욱 그러했다. 여성들은 죄책감을 마치 당연한 것처럼 여긴다. 우리가 그렇게 자라왔기 때문이다.

나는 여전히 어머니가 슬퍼하면 죄책감이 든다는 사실이 놀랍다. 나의 남동생은 그런 것에 무심하다. 만약 당신의 어머니가 당신이 죄책감을 느끼게 만드는 데 선수라면, 장담컨대 어머니 또한 죄책감으로 힘들어할 것이다. 어머니와 딸은 서로 죄책감을 주고받는다. 어머니는 자신이 뭔가 잘못해서 당신이 전화하지 않는 거라 생각한다. 어머니에게 전화하면 어머니는 "네 목소리 오랜만에 듣는구나."라고 말씀하셔서 당신을 좌절하게 만든다. 당신은 어떻게 행동하든 별 차이가 없으므로 기분이 가라앉는다. 그런데 이걸 알아야 한다. 어머니도 당신에 대해 똑같이 느끼고 있다.

우리는 모두 그저 사랑받고 싶어 한다. 그것이 근본적인 욕구다. 누군가가 봐주고 이야기를 들어주고 축하해주기를 바란다. 어머니는 자신이 아직도 자식에게 중요한 존재인지 확인하고 싶어 한다. 그렇지 않다고 느끼고 있기 때문이다. 당신이 "엄마가 먼저 하시지 그랬어요?"라고 날카롭게 대꾸하면 당신도 어머니와 똑같이 행동하는 것이다. 그리고 당신이 일하는 것에 대해 왜 이리도 죄책감을 느끼고 있는지 궁금한가? 그것은 너무 바빠서 아이들을 돌볼 시간이 없기 때문이다. 당신은 그에 대해 죄책감을 느낀다고 동료들에게 말하면서 그들이 괜찮다고 안심시켜주길 바란다. 죄책감은 정말 다루기 까다로운 문제다.

모든 것에 죄책감을 기반으로 생각한다면, 어떤 행동을 하든 안 하든 괴로울 것이다. 하지만 사랑을 기반으로 생각한다면 가능성으로 가득한 세상을 보게 된다. 어머니께 매일 전화를 드리지 않더라도 훌륭한 딸이 될 수 있다. 죄책감을 느끼기보다는 내가 감사하는 것들 속에서 안정감을 느끼고 그것들이 나를 얼마나 사랑하고 지지하는지를 느끼는 것이 더 도움된다. 내 마음이 부정적인 생각을 하면 나는 얼른 대꾸한다. "이런 생각은 하지 않을 거야!" 어떤가! 이렇게 빨리 생각을 전환하고 하이파이브 정신을 되찾을 수 있지 않은가!

여성들은 내게 이런 질문을 던진다. "당신은 아이들과 남편을 두고 출장을 자주 다니는데 미안하지 않나요?" 내 대답이 궁금한가? 나는 "저는 미안해하지 않아요. 대신 감사해요."라고 답한다. 내가 이렇게 이야기하면 반응은 보통 둘 중 하나다. 웃으며 고개를 끄덕이거나 완전히 충격받은 표정을 짓는다. 그러면 나는 가장 강력한 한마디를 덧붙인다. **"죄책감을 느끼지 않는 쪽을 선택하기 때문에 안 느끼는 거예요."**

출장을 다닐 때 가끔 아이들이 그리워서 슬프다. 외로워서 남편이 옆에 있었으면 할 때도 있다. 처음 출장을 다니기 시작했을 때 나는 늘 죄책감에 시달렸다. 일과 야망에 대해 지금과는 완전히 반대로 생각했다. 호텔 방에서 혼자 깨면 집에서 아침 식사를 준비하고 있지 않은 것에 대해 죄책감을 느꼈다. 급히 비행기를 타러 가는 길에도 아이들과 영상통화를 했고 그럴 때면 가슴이 아팠다. 아이들이 나를 보고 싶다고 말하면 목이 멨다. 아이들 곁에 있지 않았기 때문에 내가 세상에서 가장 나쁜 엄마처럼 느껴졌다. 나는 아이들과 함께 있고 싶었지만, 생활비를 벌어야 했으므로 일해야만 했다.

스스로 당신이 '세상에서 가장 나쁜 엄마'라는 이야기를 반복해서 들려주면 당신의 망상활성계는 그것이 진실일 수밖에 없는 온갖 이유를 보여주기 시작한다. 죄책감은 아주 부담스럽고 힘겨운 감정이지만 항상 나쁜 것만은 아니다. 죄책감에는 2가지 종류가 있다. 바로 '생산적인 죄책감'과 '파괴적인 죄책감'이다. 죄책감은 생산적으로 이용될 때는 주변 세계와 그 안에서 당신의 위치에 대해 아주 깊은 관심을 가지게 해준다. 당신의 행동이 다른 이들에게 얼마나 영향을 미치는지 인식하게 해주며 관계를 보호하고 더 친절하도록 촉구하며 변화를 유도한다.

예컨대 당신이 동생의 생일을 까먹었을 때, 곧바로 사과하고 주말에 축하할 계획을 세우고 다시는 가족들의 생일을 잊어버리지 않도록 달력에 모든 가족의 생일을 적어놓는다면 죄책감이 생산적으로 작용한 경우이다. 하지만 나의 경우는 죄책감을 동기부여로 이용하지 못했다. 나를 채찍질하는 데 이용했다. 그것이 '파괴적인 죄책감' 혹은 심리학자들이 '수

치심'이라고 부르는 것이다.

"출장 일정이 정말 끔찍해."라고 말하는 대신 당신은 "내가 정말 끔찍해."라고 말했다. 남편이 레스토랑 사업에 실패했을 때 그 역시 그랬다. 그는 "사업에 실패했다."라고 말하는 대신 "나는 실패자야."라고 말했다. 그렇게 생각해서 좋을 것은 하나도 없다. 수치심은 전혀 도움이 되지 않는다. 망상 활성계에 자신을 탓하는 말을 더 많이 들려줄수록 그것이 진실임을 증명해주는 증거를 더 많이 보게 될 것이다. 만일 당신이 죄책감 때문에 힘들어하고 있다면 다음의 질문에 답해보라. 이 죄책감이 나를 더 나은 방향으로 변화할 수 있도록 이끄는가, 아니면 그저 마음을 불편하게 하는가?

당신의 삶이
어때 보이기를 원하는가?

당신은 당신의 삶이 어때 보이기를 원하는가? 이는 놀라운 깨달음을 주는 질문이다. 당신이 원하는 것이 무언인지 확실히 안다면, 그것을 얻을 수 있도록 힘을 키울 수 있다. 하지만 자신이 원하는 것을 모른다면 스스로 물어보라. 당신은 직업적으로 큰 성취를 이룸과 동시에 훌륭한 엄마가 될 수 있다. 당신은 더 많은 것을 원하는 동시에 당신이 이룬 성공에 감사할 수 있다. 당신은 우울증을 겪어도 그와 동시에 마라톤을 뛸 수 있다.

당신은 여러 층위로 구성된 복잡한 피조물이다. 당신은 하나 이상의 존재이다. 당신은 자신을 비난하는 행동을 중단해야 하며, 자신이 원하는 것이 무엇인지 알아내어 그것을 얻기 위해 하이파이브 해야 한다. 나는 내가 꿈을 좇으며 아이들 곁에 있고 싶어 한다는 것을 알았다. 딸들에게는 세상에 영향력을 미치는 엄마를 보여주고, 아들에게는 그의 아빠처럼 배우자를 도와주면서도 자신의 꿈을 좇는 것을 보여주고 싶었다. 또한 내가 출장을 덜 다니기를 원한다는 것도 알고 있었다. 그러나 죄책감은 이러한 목표와 꿈을 성취하는 데 도움이 되지 않았다.

당신은 1년에 100일 동안 출장을 다니지 않아도 되며 집 밖에서 일하지 않아도 된다. 자녀들의 모든 중요한 순간에 곁에 있어 주고, 연로한 부모님이 삶을 마무리하는 시간을 함께 해드릴 수 있다. 죄책감이 당신이 꿈을 좇는 것을 방해할 때마다 실망과 상처를 기대하지 말고 그것을 직시하라. 미안해하기만 하는 것은 변화를 가져오지 못한다. 변화는 원하는 것과 필요한 도움이 무엇인지 솔직해질 때만 가능하다.

나는 기업의 여성 CEO들과 만난 후 많은 생각을 하게 되었다. 여성 CEO들은 많은 것을 원했지만, 그들의 영혼이 날아오를 때마다 자신을 억눌러야 했다. 그래서 나는 그들에게 죄책감의 고통을 활용하는 법을 가르쳐주기 위해 간단한 습관을 생각해냈다. 지금 당신에게도 그것을 알려주려 한다. 이는 변화하지 못하도록 막는 '파괴적인 죄책감'에서 벗어나 스스로 당신을 행복하게 해주는 일을 하도록 허락하는 가장 쉽고도 좋은 방법이다.

너무 자주 지나치게
미안해할 필요 없다

죄책감을 느낄 때 당신은 필요 이상으로 "미안해."라고 말한다. 미안하다는 말은 이제 그만하라. 대신 이제는 "고마워."라고 말하라. 그 이유는 다음과 같다.

1. 잦은 사과는 짜증을 돋운다
당신에게도 이런 친구가 있을 것이다. 내가 정말 사랑하는 그녀는 항상 누군가에게 사과한다. "차를 태워달라고 해서 미안해요.", "폐를 끼쳐서 죄송하지만, 이걸 부탁드려야 할 것 같아요.", "번거롭게 해드려 죄송합니다.", "채식주의자라서 죄송해요. 저를 위해 특별히 음식을 만드시지 않아도 됐는데요. 저는 그냥 냅킨만 먹어도 되거든요."

나는 항상 그녀가 지나치게 사과하는 것이 마음에 걸렸다. 항상 사과하는 사람들은 모든 일을 자신의 잘못인 것처럼 만들어버린다. 그러고는 괜찮냐는 허락을 구한다. 그것이 죄책감의 핵심이다. 당신은 당신이 뭔가를 잘못하고 있는 것만 같고 사람들을 방해하고 있는 것만 같아서 '죄책감'을 느낀다. 그래서 먼저 사과하면서 상대방에게 "괜찮다."라는 말을 듣고 싶은 것이다.

2. 사과 대신 사랑과 감사의 말을 충분히 전하라

사실 사람들은 당신이 사과를 멈추고 감사 인사를 해주기를 바란다. 그러니 다음에는 어머니가 채식 요리를 해주시거나 냉장고에 귀리 우유를 채워주시거나 당신의 강아지를 돌봐주시면 "제가 너무 까다로워서 죄송해요."가 아니라 "항상 저를 배려해주셔서 감사합니다. 감사드리고 사랑해요."라고 말하라.

3. 감사의 말은 당신의 힘을 회복하는 길이다

이 말은 다른 사람에게 방점을 두는 동시에 자신에게도 더 멋진 일이 일어나게 해준다. 당신의 힘을 회복시켜 준다. 당신에게 필요한 요구가 있으면, 당신이 그것을 충족하도록 누군가 도와주는 것에 감사해한다는 사실을 인정할 수 있다. 한번 "감사해요."라는 말을 하기 시작하면 실제로 얼마나 자주 이 말을 하는지 놀랄 것이다. "미안해요."라고 말할 때는 스스로에 대해 유감스러운 감정을 전달한다. 당신이 도움이나 지원이 필요해서 뭔가를 잘못했다고 말하는 것이다. 이제는 이렇게 해보라. 뭔가를 잘못했다면 그렇다고 말하라. 하지만 당신을 위해 가장 바람직한 일을 하는 것은 잘못이 아니다. 감사하다고 말할 때는 당신을 지지해준 누군가를 인정하는 것이다. 또한 당신이 응원과 지지를 받을 자격이 있다는 사실을 인정하는 것이기도 하다.

나는 남편과 아이들에게 내가 자리에 있어주지 못해 미안하다고 말하지 않기로 했다. 대신 그들을 인정해주기 시작했다. "당신의 사랑과 도움에 감사해요. 지금 이 일을 할 수 있는 건 모두 당신 덕분이에요. 내가 꿈을 좇도록 도와줘서 고마워요." 이렇게 말하고 난 뒤 나는 그날 있었던 재미있는 일을 이야기해 가족들이 내 일과 연결된 느낌을 받도록 해준다.

감사 인사는 하이파이브다. 당신이 감사하다고 말할 때는 주변 사람들과 자신을 응원하는 것이다!

 나에게 거침없이 꿈을 향해 나가는 모습을 보여준 사람이 누구였는지 맞춰보시라. 바로 우리 어머니다. 어머니는 어머니의 절친한 친구와 시내에 작은 가게를 열기로 했다. 사업 자본이 필요했던 어머니는 은행에 가서 1만 달러를 대출받으려고 했다. 어머니는 점포 임대차 계약에 서명하고 무역박람회에 가서 물품을 구매할 야심찬 계획을 세우고 있었다. 두 분이 은행의 지점장과 마주 앉았을 때, 지점장은 재무 상태를 조회한 후 대출 승인에 동의했다. 단, 두 사람의 남편이 보증을 선다는 조건이 붙었다.

 어머니는 공동 계좌는 모두 남편과 함께 서명했으나, 집은 어머니 명의로 되어 있으니 그 집이 대출에 대한 담보로는 충분하다는 점을 강조했다. 하지만 은행 지점장은 계속 배우자와의 공동 날인을 고집했다. 이에 어머니는 조금의 망설임도 없이 그 은행에 있는 계좌를 모두 해지하고 나가버렸다. 그리고 새로운 은행에서 혼자 힘으로 대출을 받아내는 데 성공했다. 우리 엄마, 진짜 대단하다!

 이 이야기를 하는 이유는 당신이 충성심을 발휘해야 할 가장 중요한 대상이 그 누구도 아닌 자기 자신이라는 사실을 상기시키기 위해서다. 은행도 아니고, 배우자나 자녀, 부모님도 아니다. 자신을 가장 높은 우선순위에 두어야 한다는 것을 빨리 깨달을수록 주변 사람들에게도 그렇게 하도록 더 빨리 가르쳐줄 수 있다.

이제 나는 내가 나의 꿈을 추구하는 것에 죄책감을 느끼지 않는다. 그래서 기쁘다. 더 이상 "나는 나쁜 엄마야."라는 생각을 하지 않기 때문이다. 우리 아이들은 남편과 나처럼 목표와 꿈을 좇는다. 다른 사람에게 도움을 주면 아주 기분이 좋아진다는 사실을 망각하기 쉽다. 도움을 주는 이들에게 감사하는 것은 그들을 인정하고 기분 좋게 만드는 행동이다. 그러므로 자신과 주변 사람들에게 작은 사랑을 보여줘라. 그리고 당신의 삶을 살아라. 죄책감을 버려야만 하이파이브 인생을 살 수 있다.

Q. | 모든 사람에게 효과가 있는가?

당연하다. 하지만 꾸준히 해야 한다. 고작 3일 해보고 효과가 없다고 하면 안 된다. 앞에서도 언급했듯이 모든 것은 습관을 붙이려면 반복이 필요하다. 습관은 처음에는 그 행동을 하는 것이 익숙하지 않아 어려울 수 있다. 습관이 붙기 전에 그만두고 싶은 충동을 느끼기도 한다. 변화는 쉽다. 하지만 항상 쉬운 건 아니며 매일 아침 거울을 보며 실천하도록 스스로 강제해야 가능하다.

9장

모든 일에는
마감일이 필수다

완벽히 준비된 때란
영원히 오지 않는다

우리는 실패할까 봐 걱정되거나 시작하기 두려울 때 이렇게 말하곤 한다.

"나 아직 준비 안 됐어. 지금은 때가 아니야. 시간이 더 필요해. 여유가 생기면 진짜 시작해야지. 일단 설거지 좀 하고, 세탁기 돌리고, 아 발톱도 잘라야지. 그럼 오늘 오후에는 시작할 수 있겠다. 아니, 오늘 밤. 아니, 내일? 음… 다음 주… 아니, 다음 달… 내년. 그때는 아마 또 다른 빨래를 먼저 해야 하고…."

지금 소개할 남자의 머릿속도 비슷한 상황이었다. 에두아르도라는 이름을 가진 남자의 이야기다. 2년 전 나는 공항에서 택시를 탔다. 택시 기사에게 인사를 하기도 전에 벨소리가 요란하게 울렸다. 방송국 관계자가 내 토크쇼 편성 때문에 전화한 것이었다. 통화를 다 마치자 택시 기사는 이렇게 말했다.

"당신 같은 손님이 제 차에 탔다니 믿기지 않네요. 잠깐 얘기 좀 나눌 수 있을까요?"

"아 네, 하실 말씀이 뭔가요?"

"당신… 방송계에서 일하고 있죠? 저는 사실 배우가 꿈이에요. 상 받을 만큼 유명한 배우가 돼서 가난한 지망생들의 기회를 열어주고 싶거든요."

"오, 정말 훌륭한데요. 그럼 왜 여기 있는 거죠? 배우가 되고 싶다면 뉴욕이나 로스앤젤레스로 가야 하지 않나요?"

"…맞아요."

"실례지만 혹시 나이가?"

"25살이요."

"좋아요. 내가 생각하기엔 지금 둘 중 하나를 선택해야 해요. 여기서 계속 택시를 하거나 아니면 연기를 할 수 있는 곳으로 이사 가는 거예요. 25살이라고 했으니 아직 집도 없고 결혼도 안 했을 테고, 51살인 제가 지고 있는 삶의 부담을 전혀 지고 있지 않겠네요. 발목 잡을 대상이 전혀 없잖아요. 얼른 저를 내려준 다음, 회사에 그만두겠다고 말하세요."

"하지만 제 수중에는 돈이 별로 없는걸요."

"그건 별문제가 아니에요. 어디가 좋겠어요? 로스앤젤레스, 아니면 뉴욕?"

"로스앤젤레스에 친구가 있긴 해요."

"잘됐네요. 거기서 시작하면 되겠어요. 물론 최악의 시나리오는 돈만 날리고 배우가 되지 못하는 거겠지만요. 그렇게 되면 다시 이곳으로 돌아와 더 배고픈 생활을 해야 할 거예요. 나중에 후회하는 것보다야 나아요. 최소한 시도는 해봐야죠."

"고마워요. 조언 접수했습니다."

"접수만 하면 안 돼요. 제가 지금 바통을 넘겼으니 그걸 받아서 달려야 한다고요."

그는 웃었다. 나는 '왜 웃지? 이건 웃긴 게 아니라 슬픈 건데. 내가 그보다 더 그의 꿈을 위해 열심히 싸우고 있으니…' 라는 생각이 들었다. 그는 우리처럼 큰 꿈을 가지고 있다. 하지만 충분히 준비되지 않았다는 이유로 도전을 미루고 있다. 날마다 제자리걸음인 셈이다.

미루는 습관은 꿈을 말살한다. 이는 하이파이브 자세가 아니다. 당신의 야망을 서서히 죽음에 이르게 만든다. 어느 날 당신은 꿈을 향한 걸음을 아예 내딛지도 못했다는 사실을 깨닫는다. 우선 하나만 분명히 해두자. 일을 계속 미룬다거나 완벽주의를 추구하는 사람이 되지 말 것. 스스로 그렇게 느껴진다면 자신의 정신 상태를 물리적 발전을 만들어내는 방향으로 전환해야 한다. 그렇지 않으면 수년 동안 그 언저리만 맴돌게 될 것이다.

"얼른 기회를 잡아" vs "지금은 안 돼"

세상에는 '장애물을 보는 사람'과 '기회를 보는 사람' 두 종류가 존재한다. 어떤 경우는 나처럼 뒷좌석에 앉아 있는 사람이 에두아르도 같은 사람을 위해 기회를 발견해주기도 한다. 당사자는 현실적인 장애물밖에 보지 못할 때, 오히려 타인이 긍정적인 기회를 보여주기도 한다. 두 사람은 모두 똑같은 대상을 보고 있다. 하지만 나는 이것이 '꿈을 향해 달려가자.'로 보이고, 에두아르도는 '지금은 안 돼.'로 보이는 것이다.

몇 분만 대화해봐도 그 사람이 그저 말에 그칠 것인지, 아니면 행동으로 옮길 것인지 알 수 있다. 에두아르도는 자신에게 방해되는 것만 말했다. 에두아르도는 과거에서부터 쌓여온 찌꺼기를 가지고 있었다. 스스로 너무 오랫동안 배우가 되지 못할 거라고 말했다. 그의 꿈은 간신히 목숨만 유지되고 있었다.

이 이야기는 단순히 대도시로 이주하기 두려워하는 택시 운전기사의 이야기가 아니다. 나는 수천 명의 사람을 일대일로 코치했고, TV 토크쇼에서 그동안 수백 명의 게스트와 이야기를 나눴다. 만약 당신이 에두아르도가 왜 그렇게 망설였는지 묻는다면, 나는 이렇게 대답할 것이다. '당신이 망설이는 이유'와 같은 이유다.

당신은 원하는 것에 감히 가까이 다가가지 못한다. 나 또한 줄곧 그랬다. 인생을 어떻게 해야 할지 몰라 방치한 채 긴 세월을 보냈다. 내 목표가 무엇인지 알면서도 아무 행동하지 않았다. 당신은 제자리에서 스스로를 보호하고 있다고 생각하겠지만, 그건 고문과도 같다.

누구에게나 삶을 바꿀 기회가 있다. 당신이 두려워하는 일은 생각보다 두려운 것이 아닐지도 모른다. 마음은 모든 변화를 위협으로 받아들인다. 익숙한 곳에 계속 머무는 것은 안전하게 느껴진다. 그래서 당신이 새로운 기회를 두려워하는 것이다. 자신이 지나친 생각의 덫에 걸려 있음을 알아채는 것은 매우 어렵다. 하지만 장담컨대 당신은 에두아르도가 어떤 방식으로 자신을 발목 잡고 있는지 알 것이다. 원래 타인의 문제는 알아보기 쉽다. 정말 어려운 것은 자기 자신의 문제를 깨닫는 일이다.

당신이 살면서 해보고 싶은 일을 생각해보라. 아마도 당신이 오래전에 포기했지만, 여전히 마음 한편에 자리 잡은 무언가일 것이다. 아니면 그냥 이유 없이 끌리는 것일지도 모른다. 하지만 당신은 그것을 스스로 해도 된다고 허락하지 않았다. 기회를 알아보도록 망상활성계를 훈련하지도 않았다. 어쩌면 당신은 심장이 뛰는 일이 무엇인지 찾아볼 시도조차 하지 않았는지도 모른다.

당신은 자신의 꿈을 부정하는 습관이 있다. 생각하는 것보다 꿈이 더 가까이에 있음을 인식하라. 에두아르도의 이야기를 계속해서 읽으며 당신의 꿈을 떠올려보라. 나는 내가 당신에게 지속적인 영향을 미치길 바란다. 당신이 행동에 나서도록 영감을 불어넣고 싶다. 가장 간단한 마음의 기술 중 하나를 소개하겠다.

구체적인 기한은
밀어붙이는 힘을 준다

마감일을 정한다는 것은 당신이 그 일에 진지하게 임하고 있다는 의미다. 하이파이브 습관은 당신을 앞으로 나아가도록 이끈다. 당신이 거울 속 자신을 바라보며 마감일을 정할 때 경기는 시작된다. 구체적인 날짜가 정해지면 당신은 마음속에 있던 목표를 끄집어내어 현실 세계에 심는다. 그 순간 당신의 꿈과 당신이 만드는 변화가 현실이 되는 것이다.

나는 에두아르도에게 하이파이브 정신을 전수하기로 했다.

"언제 이사 가려고요?"

"1년이나 2년 뒤로 생각하고 있어요."

"네? 1년 뒤요?"

에두아르도가 당황한 표정을 지었다. 난 아랑곳하지 않고 말했다.

"곧바로가 아니고 1년 뒤에요? 그게 무슨 미친 소리죠?"

"미친 소리처럼 들리나요?"

"그럼요. 도대체 왜 꾸물거리고 있는 거죠? 당장 떠나세요."

"말했잖아요. 돈이 문제예요. 로스앤젤레스는 물가가 비싸잖아요."

"그걸 어떻게 알죠? 거기서 안 살아봤잖아요. 친구한테 전화해서 그게 정말 문제가 될지 물어봐요. 친구 집에서 좀 지낼 수 있는지도 물어보고요. 나중에는 친구 집을 떠나 직장을 구하고 각자의 길을 가면 되는 거예요."

"알겠어요."

"그럼 언제 떠날 거죠?"

"가급적 빨리요."

"가급적 빨리 말고 구체적인 날짜부터 정해요. 그래야 행동에 나설 수 있어요. 이건 내 꿈이 아니라 당신의 꿈이에요."

그가 잠시 생각에 잠기는 것이 느껴졌다.

"에두아르도, 시간은 지금도 흘러요. 뭘 기다리는 거예요? 이제 곧 9월 중순이잖아요. 스스로 10월 1일까지 이사하겠다고 약속하세요. 만약 내가 여기서 당신이 운전하는 택시를 또 탄다면… 그때는 정말 가만히 안 둘 거예요. 에두아르도, 당신은 포기했을지 몰라도 난 그렇지 않아요."

어쩌면 스스로 너무 엄격한 기준을 적용한 것이 문제였을지도 모른다. 자신에게 시작할 시간을 조금 주면서 용기를 북돋도록 노력하라. 준비하고 매일 작은 행동을 하나씩 실천해나갈 시간을 주라. 당신이 바꾸고 싶은 것이 무엇인지 생각해보라. 운동? 이직? 새로운 프로젝트? 뭐가 됐든 이제 그 계획을 시작할 날짜를 정하라. 기한을 정하면 확신이 생기고 준비에 집중하게 된다.

가까운 미래에 구체적인 기한을 정해 놓는다면 통제력이 생겨 힘을 얻게 된다. 자신에게 그 목표를 향해 매일 조금씩 앞으로 나아가며 가속할 수 있도록 시간과 공간을 제공하는 것이다. 성공을 향해 자신을 준비하라. 일정 기간 그 활주로를 이용해 날마다 작은 변화를 실천함으로써 자신을 준비시켜라. 하이파이브는 삶에 과감한 변화를 가져오겠다는 선택을 증명해준다. 만약 두려워서 변화를 피해왔다면 마감일을

정해라. 지금부터 3주의 시간을 가지는 것으로 해보자. 그 정
도면 날마다 작은 변화를 실천하면서, 대략적인 계획을 세우
기에 충분하다.

나는 에두아르도에게 떠날 준비가 다 됐는지 물었다. 그는
긍정적으로 대답했다. 하지만 대답하는 태도가 어쩐지 마음
에 걸렸다. 그의 마음은 완전히 그 대답에 동조하고 있는 것
같지 않았기 때문이다.

"에두아르도, 이건 내 꿈이 아니에요."

"알아요. 이건 제 꿈이죠. 이제 할 수 있을 것 같아요."

그의 목소리가 갈라졌다. 심경에 큰 변화가 일어난 것일
까. 그는 눈물을 삼켰다.

'카타르시스'는 곧
감정의 허락

꿈을 간절히 원하면 놀라운 감각이 살아난다. 그것
이 바로 '카타르시스'다. 갑자기 몸에 열기와 흥분이 넘친다.
그 꿈은 충분히 실현 가능하며, 꿈을 막고 있는 이는 당신뿐
이라는 사실을 깨닫는다. 당신은 얼마나 원하는가. 스스로 그

것을 얻을 자격이 있는지 느끼는 시간을 가져보라.

당신은 당신의 삶이 어떤 모습이길 바라는가? 그리고 잠시 그 삶을 떠올려라. 그 삶을 살기 위해 노력하는 자신의 모습을 떠올려라. 그 순간 그것은 현실이 될 것이다. 주체할 수 없이 벅차오른다면, 스스로 그런 삶이 가능하다는 걸 믿도록 허락했다는 뜻이다. 당신은 희망을 느낀 것이다. 당신에게 선택권이 있다는 사실을 깨달은 것이다.

그 감정의 의미는 바로 그것이다. 내면의 자신감이 이렇게 말하고 있다. '너에게는 충분한 능력이 있어. 할 수 있어!' 그리고 얼마나 자주 자신을 포기해왔는지 인정하게 될 것이다. 그 상황을 바꿀 수 있는 것은 기회를 잡는 것이다. 위험을 무릅쓰고 자신의 능력을 믿고 도전하는 것이다. 그것이 하이파이브가 전하고 있는 메시지다. 나는 에두아르도에게 이렇게 말했다.

"당신은 스스로 패배자라고 느끼고 있어요. 마음속 두려움이 이기고 있는 거라고요. 당신은 택시 운전하려고 태어난 것이 아니에요. 운전은 지금 당장 돈을 벌기 위한 수단이지 당신의 소명은 아니에요. 그러니 2가지 모두를 하세요. 운전도 하고 연기도 해야죠. 당신은 연기는 전혀 하지 않고 있어요. 그러니까 길을 잃은 것 같은 느낌이 드는 거예요. 자신과의 연결이 끊긴 거죠. 날마다 더 기다려야 한다고 말하고, 뇌는 그것을 믿고, 그러니 기회를 잡게 될 가능성은 희박해지는 거예요. 떠나지 말아야 할 이유만을 생각해내면 어느새 35살이 되고 또 기다리다 55살이 되겠죠. 그리고 당신은 그때도 여전히 이곳에서 일하고 있겠죠. 에두아르도, 당신은 코앞에 놓여 있는 모든 기회를 알아보도록 마음을 훈련해야 해요. 장애물이 아닌 기회 말이에요. 오늘 일어난 일 중 바로 떠나야 하는 이유가 될 만한 일 하나만 말해볼래요?"

"바로 지금 이 대화요."

이제 이 이야기를 당신의 경우에 적용해서 들여다보길 바란다. 방법은 쉽다. 일상 속에서 발견하는 우연의 일치와 신호를 적어보는 것이다. 이것이 바로 내가 에두아르도에게 해보라고 제안한 훈련이다. 이 훈련은 당신이 했던 '하트 찾기'와 비슷한 원리라 볼 수 있다. 지금 우리는 마음이 당신이 원하는 것을 얻도록 도울 것이다.

그 원리는 다음과 같다. 자동차로 장거리 여행을 해본 적이 있는가? 처음 출발했을 때 300km 남아 있다고 쓰여 있는 표지판을 지날 것이고, 그다음에는 목적지까지 100km 남아 있음을 알려주는 표지판을 지날 것이다. 목적지까지의 거리는 점점 가까워져 50km가 되고 곧 10km로 아주 가까워진다. 그 표지판은 길을 제대로 가고 있음을 알려주는 이정표다.

당신은 살아가면서 매일 이정표를 발견할 수 있다. 주변 어디에서든 볼 수 있다. 그 이정표는 당신과 목표 사이의 거리를 가늠할 수 있도록 돕고 있다. 지금 당신의 망상활성계는 눈앞에 있는 모든 증거를 보지 못하도록 가리고 있다. 그러니 꿈을 가리키는 신호들을 기록하면 자신감을 더 빨리 키울 수 있다.

'꿈의 신호'를 기록하는
체크리스트

말 그대로 체크리스트를 만들어라. 당신은 목표를 독려하는 신호를 적을 때마다 망상활성계를 훈련하는 것과 다름없다. 이는 마음을 실험할 수 있는 아주 좋은 방법이다. 더불어 마음을 한 단계 더 끌어올릴 수 있게 된다. 나는 에두아르도에게 물었다.

"그럼 이제 말해보세요. 언제 여길 떠날 거죠?"

"10월 1일이요"

"아주 좋아요. 제대로 계획을 세우고 10월 1일에 떠나는 거예요."

　이제 에두아르도의 이야기는 잠시 접어두어야겠다. 당신은 아마 에두아르도가 어떻게 해야 할지 확실히 알 수 있었을 것이다. 어쩌면 속으로 그에게 소리를 지르고 있었을지도 모른다. 하지만 이걸 알아야 한다. 다른 사람의 인생을 봤을 때는 자명한 것이 자신의 삶 속에서는 정말 깨닫기 어렵다.

　당신의 망상활성계는 당신의 앞에 놓여 있는 장애물에 집중하고 있다. 그것을 모두 지워버리자. 우선 5일 동안 연속해서 거울 속의 자신과 하이파이브 하기에 도전하라. 이미 해보았더라도 다시 해보는 것이다. 이번에는 나와 함께 목표를 가슴에 새기면서 말이다. 그다음에는 기한을 정해보자. 지금부터 3주 후에는 반드시 무언가를 바꾸겠다고 마음먹어라. 이를테면, 헬스장을 다닌다. 직장을 관둔다. 불필요한 관계를 끊는다. 소설 집필을 시작한다. 새로운 건강 습관을 실천한다. 이를 위해 앞으로 3주 동안 활주로를 만들고 준비하라. 매일 자신과 하이파이브 하고 자신을 준비시키며 앞으로 나아가라.

　목표를 이루기 위해 누구에게 연락하면 좋겠는가? 어디에 어떤 이메일을 보내보면 좋겠는가? 회피하던 위험을 감수할 수 있겠는가? 도움이나 충고를 구할 만한 곳은 있는가? 그리고 마지막으로, 수첩을 준비하라. 이 '신호 기록' 활동을 게임처럼 즐겨라. 그럼 다시 에두아르도의 이야기로 돌아가 보자. 그는 우리의 대화를 신호로 받아들였다. 나는 그에게 다음과 같이 말했다.

"맞아요, 에두아르도. 나는 당신이 만나기 꿈꿔온 인물일 거예요. 방송국에서 일하고 있고 토크쇼 진행자니까요. 당신은 방송국 관계자가 당신의 차에 타서 마법처럼 성공의 길을 열어줄 거라는 환상을 가졌겠죠. 하지만 장담컨대 그런 일은 일어나지 않아요. 대신 우주는 나를 여기로 보냈어요. 그래서 당신이 이렇게 잔인한 진실을 마주하고 있는 거예요. 이곳을 떠나지 않는다면 당신이 아무리 좋은 배우가 될 자질을 가졌다 한들 소용없어요. 그 바닥에 발조차 들여놓기를 거부한다면 당신이 얼마나 재능이 있는지는 중요치 않아요. 핵심은 연기를 하는 게 아니에요. 그곳에 있는 거죠. 그곳에서 거절을 당하고 다시 시도하고를 반복하는 게 중요해요. 그것이 배우가 되는 진짜 길이에요. 지금 하지 않으면 영원히 기회는 없어요. 움직여야 해요. 그렇게 하고 싶나요?

"당연하죠."

"좋아요."

"얼른 회사에 말하고 로스앤젤레스로 떠날게요."

"오스카상 받으면 제게 감사해야 할 거예요. 10년쯤 뒤에 말이죠."

"당연하죠. 저는 이 대화를 죽을 때까지 기억할 거거든요."

이제 당신이
삶의 운전대를
잡을 차례

이 멋진 대화를 나눈 지 벌써 2년이 되었다. 당신은 아마 궁금할 것이다. 에두아르도는 로스앤젤레스로 떠났을까? 모르겠다. 떠나지 않았을 수도 있고 떠났을 수도 있다. 하지만 중요한 것은 그게 아니다. 내가 이 이야기를 들려주는 이유는 우리가 매일 스스로 선택할 수 있다는 것을 보여주기 위해서다. 꿈을 향해 걸어갈 수도 있고, 저항할 수도 있다.

당신에게는 예정된 무언가가 존재한다. 두려움을 극복하고 그 꿈이 당신을 끌어당기도록 허락할 때만이 그것을 발견할 수 있다. 모든 꿈은 추구할 가치가 있다. 하지만 실현 가능성은 그리 크지 않고 설사 그렇다 한들 중요하지 않다. 안전한 길만을 택하고 도전하지 않는다면 평생 후회할 것이기 때문이다. 나는 꿈을 추구할 용기를 가지는 게 그 꿈을 성취해내는 것보다 훨씬 더 중요하다는 사실을 깨달았다. 꿈을 좇는 것이야말로 내면에 존재하는 자부심을 실현하는 행동이기 때문이다.

당신도 아직 이루지 못한 꿈이 있을 것이다. 나 역시 마찬가지다. 나의 경우는 팟캐스트 런칭이다. 그래서 나도 에두아르도의 고통을 공감할 수 있다. 일단 팟캐스트를 시작하고 나면 신경 쓸 일이 많아질 뿐만 아니라 내가 질투하는 사람들과의 경쟁이 불가피해진다. 하지만 그런 생각들은 모두 두려움과 함께 막혀 있는 영감일 뿐이다. 새장에 갇혀 있는 새처럼 말이다. 새장을 여는 행동만이 그 새를 자유롭게 날아다니도록 놓아줄 수 있다.

에두아르도를 보며 당신이 과거에 어땠는지 돌아보는 시간을 가져라. 당신은 꿈을 좇는 것이 무모하다고 생각한다. 하지만 틀렸다. 가장 무모한 행동은 아무것도 하지 않는 것이다. 어차피 실패해도 원래 하던 일로 돌아올 수 있다. 그리고 연구에 따르면 실패한 사람이 다음에 도전했을 때 성공할 가능성이 2배로 상승한다고 한다.

당신은 에두아르도다. 자동차를 운전하든 샤워를 하든 책상에서 공부하든 이 책을 읽든 마음속에는 항상 꿈이 있을 것이다. 당신은 에두아르도처럼 고민하며 완벽한 시기를 기다리고 있다. 누군가 나타나 당신을 발견하기를 기다리고 있다. 모든 조건이 갖추어질 때까지 기다린다. 모든 준비가 완료될 때를 기다린다. 그렇지만 그 모든 기다림이 당신의 꿈을 말살하고 있다.

지금 당장 원하는 것을 실천에 옮길 날짜를 정할 수 있는가? 앞으로 3주 내로 당신이 원하는 방향으로 향하라. 수첩을 꺼내어 그것이 당신의 운명이라는 증거를 적어볼 수 있는가? 당신을 그곳으로 이끄는 과정을 단계별로 시각화할 수 있는가?

나는 당신을 믿는다. 당신은 원하는 바를 이룰 수 있는 능력을 지니고 있다. 물론 그것을 이룰지는 당신에게 달렸다. 당신은 항상 그 일을 하지 말아야 할 100만 가지의 구실만 생각해낸다. 삶에서 가장 중요한 것은 행동이다. 무언가를 더 일관적으로 행동에 옮길수록 자신을 더 믿게 될 것이다. 행동을 통해 자신이 가만히 앉아 스스로 무가치하다고 느끼는 사람이 아님을 증명하게 될 것이기 때문이다.

완벽한 시기나 완벽한 계획, 완벽한 순간이란 존재하지 않는다. 지금이 바로 최적의 시기이다. 시간은 계속 흐르고 있다. 당신의 꿈은 당신이 책임져야 한다. 꿈을 대신 이뤄줄 사람은 아무도 나타나지 않는다. 새로운 미래를 원한다면 그 미래에 걸맞게 행동하라. 아무리 두려워도 그냥 시작하라.

에두아르도는 내가 그의 택시를 타게 된 것을 하나의 신호로 받아들였다. 그러니 당신도 이 책을 당신의 신호라 생각하라. 변화는 당신이 변하기로 선택하는 순간 일어난다. 당신은 매일 거울 속의 자신을 바라보며 하이파이브 할 수 있다. 아니면 거울 속에 비친 자신의 모습을 한심하게 바라보며 계속 제자리걸음을 할 수도 있다. 나는 당신이 삶의 운전대를 쥐고 꿈꾸는 방향으로 나아가길 바란다.

Q. | 지금 자신이 실패했다고 느낀다면 어떻게 하면 좋은가?

당연히 자신과 하이파이브를 해야 한다. 당신의 삶은 세상에 태어난 순간부터 고난의 연속이었다. 승진 심사에 탈락하기도 하며, 사람들을 믿었다가 상처받기도 하며, 사랑에 빠지지만 실연하기도 하고, 꿈을 이루고도 다시 패배감이 몰려오기도 한다. 인간은 그렇게 수도 없이 시련을 겪는다.

이것이 모두 실패 같겠지만, 사실은 그렇지 않다. 나는 실패가 거의 예외 없이 우리를 아주 멋진 목적지로 이끈다는 사실을 배웠다. 그 경험들은 모두 교훈이 된다. 마치 강철과도 같이 자신감과 지혜는 시련 속에서 단련된다. 인생은 당신이 배움의 장으로 바라보려고 노력한다면 항상 무엇인가를 가르쳐준다. 성공했을 때뿐만 아니라 실패했을 때도 자신에게 보상을 주는 건 어떨까? 삶이 당신을 주저앉혔다고 느낄 때 하이파이브가 다시 일으켜 세워줄 것이다.

10장

남의 인정, 남의 기준에서
벗어나는 법

어딘가에 맞추는 삶은
그렇게 시작된다

어딘가에 순응하다 보면 이내 비참해진다. 당신은 중학교 시절부터 타인의 기준에 자신을 맞추려 노력했다. 앞으로는 '내가 이렇게 해도, 이걸 입어도, 이 말을 해도 계속 나를 좋아할 건가요?' 같은 질문은 접어두자. 그냥 나 자신이 돼야 한다. 어른이라면 바로 '당신'의 의견만이 중요할 뿐이다. 이런 말을 처음 듣는 건 아닐 테지만 다시 한번 강조하는 것이다. 눈치 보는 습관에서 벗어나기가 그만큼 어렵다. 삶을 탓하라. 우리는 학교에 다니기 시작한 그 순간부터 어딘가에 맞추는 것이 익숙해진다.

하지만 이는 가끔 생존의 문제가 된다. 학창시절 특정 무리의 친구들과 어울리고 싶었던 적이 있을 것이다. '쟤들 무리에 낄 수 있다면 좋을 텐데, 용돈을 더 많이 받는다면 좋을 텐데, 다른 애들처럼 예쁘면 좋을 텐데, 전교 10등 안에 든다면 좋을 텐데, 키가 더 컸다면, 더 똑똑하게 태어났더라면, 운동을 잘했다면 좋을 텐데.'라는 생각을 했을 것이다.

어딘가에 맞추는 삶은 그렇게 시작된다. 자신이 속한 집단과 속하지 않은 집단으로 세상을 나누어 바라보기 시작한다.

그리고 그 집단에 자신을 맞추려 애쓴다. 이때부터 당신은 거울 속에 비친 자신을 부정한다. '피부가 엉망이네. 치아 교정을 해야겠는걸. 다리가 너무 짧아. 팔뚝이 너무 두꺼워.' 자기 자신으로 살기보다 다른 이들에게 맞추겠다고 결심하는 것이다. 이것은 당신이 인생에서 저지르는 가장 큰 실수다.

이것이 중학교에서 살아남는 방식이다. 딱히 피할 방법도 없다. 하지만 문제는 대부분 이런 패턴이 고등학교까지 이어진다는 것이다. 그리고 대학교와 직장 하다못해 은퇴할 때까지 계속된다. 당신은 다른 이들과 똑같이 행동하는 쪽이 더 쉽다고 생각한다. 직장을 구하고, 반려동물을 키우고, 무리해서라도 집을 사고, 자녀를 가지고, 동호회에 가입한다. 어린 시절부터 이어진 습관이 시간이 지나서 남에게 뒤쳐지지 않으려는 삶으로 진화한다.

주변을 의식하는 습관 때문만은 아니다. 살아가면서 때때로 느끼게 되는 '소속되지 못한 느낌' 때문이기도 하다. 당신의 어머니가 끊임없이 간섭했을지도 모른다. 당신은 연기를 하고 싶은데 아버지가 법대를 억지로 강요했을 수도 있다. 가난해서 어렵게 살았을 수도 있고, 친구들에게 배신당했을 수도 있다. 아니면 미묘한 차별을 감내하며 직장에 맞추기 위해 그곳에서 일할 자격이 없는 사람인 것처럼 굴었을지도 모른다.

당신은 집단에 맞추는 편이 더 안전하다고 느낀다. 오롯이 자신으로 살기 위해서는 많은 위험을 감수해야 하기 때문이다. 어디에도 속하지 못한 느낌일 때 세상은 너무 커 보인다. 주변의 소음은 가장 중요한 소리를 차단해버린다. 바로 당신 자신의 목소리다.

우리가 집중할 것은, 남이 아닌 '내가 좋아할까?'

당신이 불안한 이유는 스스로 누구여야 하는지 모르기 때문이다. 당신은 끊임없이 주변 분위기를 파악해 어떻게 행동할지 살핀다. 자신의 모든 행동을 의심한다. 특히 여성들은 이런 종류의 불안으로 고통받는 경우가 많다. 여성들은 사회로부터 어떤 역할을 하도록 강요받는다. 좋은 딸, 좋은 동생, 좋은 학생, 좋은 친구 등의 역할을 해야 한다. 항상 부모님의 기분을 맞추려 애쓴다. 적절한 옷차림을 해야 하고, 수업 시간에 엉뚱한 답변을 하지 않아야 한다. 사람들이 나를 좋아하는지 걱정하는 것이 자연스러운 일이다.

내 딸들이 고등학생이 됐을 때, 나는 요즘 애들의 '전통'을 듣고는 기가 막혔다. 미국의 고등학생이라면 파티에 가기 마련이다. 그런데 재빨리 드레스를 고른 뒤 다른 친구가 비슷한 것을 못 사도록 SNS에 올린다는 것이다! 일명 '드레스 선점권'이다. 이런 이상한 전통은 주도적 인생을 방해할 뿐이다. 고등학생이나 돼서 자기가 원하는 드레스조차 입을 수 없다니. 말이 되는가?

여기서 전달하고 있는 메시지는 분명하다. 모든 곳에는 이미 정해진 규칙이 존재한다. 파티에서 입을 수 있는 드레스와 입지 못하는 드레스가 정해져 있다. 이 규칙을 어기면 모든 학생에게 비난받을 것이다. 학생들은 다른 사람과 비슷한 드레스를 입어서는 안 된다고 생각하기 때문이다. 이것이 얼마나 불합리한 일인지 진지하게 생각해보는 사람은 없다.

딸들은 빨리 백화점에 가자고 재촉했다. 드레스를 결정한 아이들이 글을 올리기 시작했다는 것이다. 이는 고등학교에서 멋진 추억 만들기와는 거리가 멀었다. 백화점에서 말다툼이나 불러일으키기 딱 좋은 상황이었다. 몇 시간의 쇼핑 끝에 딸에게 정말 잘 어울리는 드레스를 찾아냈지만, 이미 누가 선점한 드레스였다. 내가 "그거랑 색깔이 다르잖아!"라고 말하자 딸은 이렇게 대답했다. "그래도 안 돼. 선배들한테 찍힐 거야." 어쨌든 이 모든 일은 파티에 데려갈 파트너도 구하기 전에 일어났다.

나는 백화점에서 보낸 2시간 때문에 3개월간 화병 치료를 받아야 할 것 같았다. 내가 제일 처음 받은 느낌은 우리 딸이 벌써 자신이 해야 하는 역할을 분명히 알고 있다는 사실이었다. 딸아이는 자신이 원하는 드레스를 고를 수 없었다. 다른 누군가가 잡아놓은 기준에 맞는 드레스를 골라야 했다. 드레스를 고르며 불안한 것은 자신의 역할을 완벽히 수행해야 한다는 강박 때문이다.

어찌 보면 자신이 되는 법을 모르는 것은 당연하다. 우리는 규칙을 따르도록 배우며 자랐기 때문에 사회적 규칙과 자신 사이에 간극이 생기면 불안해진다. 우리 딸과 딸아이의 친구들은 파티에 입을 드레스를 고르는 게 걱정된다고 말했다. 하지만 그들이 정말 걱정해야 할 것은 규범을 따라야 하는 세상에서 자신을 찾는 방법이다.

우리가 집중해야 할 질문은 '내가 좋아할까?'이다. 한 학생이 누군가 이미 입겠다고 한 드레스를 똑같이 입고 나타났다고 상상해보라. 아이들은 그것을 자살 행위라고 생각할 것이다. 하지만 나는 그것이 성공하는 인생을 사는 비결이라고 생각한다. 자신이 원하는 일을 하고 사람들이 원하는 대로 말하게 그냥 놔두는 것이다. 다른 사람들이 뭐라고 하든 그건 **별**

로 중요하지 않다.

그렇다고 다른 사람을 전혀 신경 쓰지 않는 것은 불가능하다. 다른 사람을 전혀 신경 쓰지 않는다면, 아마도 당신은 자아도취에 빠져 있을 확률이 높다. 우리는 다른 사람의 의견에도 신경 써야 한다. 그렇다고 남의 의견을 무조건 따라야 한다는 건 아니다. 윤택한 삶을 위해서는 다른 그 누구보다 자신을 존중해야 한다. 또한 사람들이 각자의 생각을 가질 공간을 허락하되, 당신이 그 생각에 그다지 신경 쓰지 않는 법도 배워야 한다.

하이파이브 습관은 자신과의 관계를 끈끈하게 만드는 것이다. 자신과의 관계는 다른 모든 관계의 기반이 된다. 나는 인생을 살면서 여러 번 카멜레온이 됐다. 인간관계에서, 특히 연애할 때 거의 다른 사람으로 둔갑했다. 단순히 상대에게 맞춰주기 위해 하기 싫은 일을 했을 뿐만 아니라 좋아하지 않는 것도 좋아하는 척했다. 스스로 소중히 여기지 않으면 타인의 인정을 구걸하게 된다.

자격증보다
중요한 것

나는 30대가 되어서야 라이프코치의 길에 뛰어들었다. 팟타이를 처음 먹었을 때와 비슷한 시기였다. 그때까지 나는 내가 놓치고 있는 것이 무엇인지 몰랐다. 그 뒤로 나는 남편과 마치 뷔페라도 온 것처럼 행동했다. 요가를 배우고 응급처치법을 훈련받고 의사소통 강좌를 들었다. 자신과 더 깊은 연결을 모색하고, 타인과도 더 연결되기 위해 노력했다.

20년 전쯤 오프라 윈프리 투어의 관중석에 앉아 있었다. DJ는 공간을 댄스 음악으로 가득 채웠고, 사람들은 음악에 맞춰 춤을 췄다. 노래가 끝나고 관중들이 자리에 앉자 다음 연사가 무대에 등장했다. 오프라 윈프리의 라이프코치 마사였다. 그녀가 입을 열자 강연장이 쥐 죽은 듯 조용해졌다. 나는 그녀가 누구인지 전혀 몰랐다. 하지만 그 순간 '바로 저 일이야!'라는 생각이 들었다. 물론 '저 일'이 무엇인지는 그때의 나도 잘 몰랐다.

나는 곧바로 나를 훈련해줄 사람을 찾았다. 대학원에서 '라이프디자인'을 가르치던 교수였다. 나는 당시 기업 세미나 진행을 자원해서 하고 있었다. 라이프코치로서 어떻게 시작할

지 감도 안 잡혔다. 낮에는 라이프코칭을 배우고, 주말에는 세미나 진행자로 일했다. 6개월쯤 지나자 교수는 내게 라이프코치로 활동해보자고 했다. 나는 자격증 같은 걸 받을 수 없는지 물었다. 그러자 그녀가 내게 조언해주었다.

"멜, 당신 겁먹고 있군요."

그녀가 그렇게 말했을 때, 나는 내 안에서 올라오는 불안을 느꼈다.

"과제를 내드릴게요." 그녀는 이어서 말했다.

"고객을 3명 구해오세요. 그중 단 1명이라도 당신이 자격증이 없어서 상담 못 하겠다고 하면, 제가 문구점에서 그럴듯한 종이를 사다가 서명해드릴게요. 멜, 당신은 수년 동안 세미나에 참가했고 경험도 있어요. 게다가 법학 학위도 있잖아요? 당신은 다른 사람들을 코치할 준비가 충분히 됐어요. 자격증 같은 건 필요 없어요. 그러니 나가서 고객을 찾으세요."

이 말은 이후 내가 에두아르도에게 해준 격려와 비슷했다. 그녀의 말이 옳았다. 나는 수년간 훈련을 받아왔고 내 꿈을 이루기 위해 열심히 노력했다. 그녀의 조언으로 잔뜩 차오른 내 자신감은 그날 밤 파티에 참석할 때까지 이어졌다. 누군가가 내게 물었다.

"무슨 일을 하세요?"

"라이프코치예요"

"라이프코치요? 라이프코치가 뭐죠?"

순간 나는 얼어붙었다. 당황한 상대방이 머리 굴리는 게 빤히 보였다. 나는 목이 뜨거워지고 얼굴이 붉어졌다. 자격증이 있었다면 그걸 보여줬을 것이다. 하지만 그런다고 두려움이 없어지는 건 아니다. 나는 내 불안조차 감당하지 못했다. 당신이 무엇을 불안해하든, 또 어떤 내밀한 두려움을 가지고 있든 그 두려움은 당신이 타인과 나누는 모든 대화에 투사될 게 분명하다.

나는 그가 '라이프코치'를 이상한 직업이라고 생각할 줄 알았다. 불확실한 순간에 당신은 무의식적으로 타인에게 자신의 두려움과 불안을 투사한다. 하지만 그 누구도 잠도 안 자고 당신에 대해 생각하진 않는다. 사람들은 각자 자기 일에 신경 쓰느라 바쁘다. 만약 이 남자가 나처럼 불안한 사람이라면 무슨 생각을 하고 있었을까? '라이프코치가 뭔지 모르는 바보가 나밖에 없나?'라고 생각했을지도 모른다.

나는 누군가가 나를 좋아하지 않거나, 내가 하는 일을 인정하지 않을까 봐 겁났다. 하지만 지금 내 앞에 앉은 사람은 면접관이 아니다. 나를 평가하고 있지 않다. 그는 그냥 생각하고 있을 뿐이다. 나를 평가하고 있는 사람은 바로 나 자신이다. 나는 이제 라이프코치가 우스꽝스러운 직업이라고 생각하지 않는다. 잠깐의 어색한 침묵 뒤에 그가 물었다.

"사실 라이프코치라는 직업을 들어본 적이 없어서요. 주로 뭘 하세요?"

나는 성공하고도 벽에 부딪힌다고 느끼는 사람들을 도와주는 직업이라고 설명했다.

"오… 마침 제가 그런 사람인 것 같은데요."

결국 그가 내 첫 번째 고객이 되었다. 옆에 있던 그의 아내가 이렇게 물어봤기 때문이다.

"혹시 상담료가 얼만가요? 내 남편은 딱 당신 같은 사람이 필요하거든요."

이 이야기는 해피엔딩이지만, 라이프코치라는 말을 듣고 비웃는 사람들도 많았다. 친구들에게 처음으로 이야기했을 때, 그들 중 1명은 실제로 이렇게 말했다.

"라이프코치? 누가 너한테 인생 상담받으러 온대니?"

나의 표정을 본 그녀는 수습하려는 듯 이렇게 말했다.

"아니, 내 말은, 넌 치료사가 아니잖아."

그건 타당한 질문이었다. 내 불안감을 지우고 생각해보면, 왜 친구가 그렇게 물었는지 알 수 있다. 나는 친구들에게 이런 것에 관심이 많다는 것을 얘기한 적 없다. 그러니 내가 라이프코치가 되기 위해 제법 오래 준비했다는 사실을 알 리 없다. 우리는 내가 노력해왔던 과정에 대해 많은 대화를 나눴다. 그 친구는 나에게 고객을 소개해주었다.

먼저 나 자신을
최우선으로 여기는 것부터

캐서린은 성공한 광고 회사의 중역이지만, 행복하지 못한 결혼생활을 보냈다.

"저는 평생 제가 해야 하는 일만을 해왔어요. 이 지역 최고의 명문대를 나왔고요. 석사 학위를 따고 남자친구와 약혼했죠. 하지만 우리는 너무 달랐어요. 저는 30살이 되기 전에 해야 할 일들을 하나씩 모두 성취해 나가고 있었지요."

그녀의 결혼생활은 엇갈린 방향으로 흘렀다. 그녀는 이혼하고 싶었지만, 주변 사람들이 이혼을 안 좋게 생각해서 하지 못하고 있었다. 그녀의 친구 중 이혼한 친구도 없었다. 그리고 이혼에 대해 어머니께 말했을 때 그녀의 어머니는 "아이들은 어쩌려고 그러니?"라고 말씀하셨다. 어머니의 그 말 한마디가 가슴에 박혀 캐서린은 또 2년을 더 흘려보냈다.

이것이 불안과 불안정이 뒤엉키게 되는 이유다. 불안은 2가지 이유로 발생한다. 첫 번째는 누구의 마음도 상하게 하지 않게 하려면, 어느 길을 선택해야 할지 몰라서 불안한 것이다. 두 번째는 마음속 깊은 곳에서 스스로 진정성 없이 행동하고 있다는 사실을 알고 있는 것에서 기인한다. 거짓된 삶은 불안을 만들어낸다. 진실이 드러났을 때 심판을 받게 될 것이기 때문이다. 매일 아침 일어나 좋은 딸, 좋은 아내, 열심히 일하는 직원 행세를 하지만, 당신의 삶이 끔찍하다면 그건 하이파이브 인생이 아니다.

캐서린의 삶에 대한 주변 사람들의 생각이 있을 것이다. 그녀의 어머니, 친구, 국가 등. 그들은 행복한 그녀를 보는 것보다 결혼한 상태에 있는 그녀를 보는 것이 더 편했다. 그래서 그녀는 이혼을 원하면서도 비참한 결혼생활을 지속했다. 다른 이들의 인정을 받기 위해 거짓 인생을 살았다. 그녀는 이렇게 말했다.

"하루는 밤에 침대에 누워 있는데 이런 생각이 들더라고요. 나는 매일 고통에 시달리면서도 혼자구나. **사람들이 나를 어떻게 생각할까 두려워하지만, 그들 중 아무도 내 이불을 덮어주는 사람은 없구나. 고통스러워하는 나를 아무도 도와주지 않는데 나는 왜 그들의 생각을 신경 쓰고 있는 거지?"**

다음 날 그녀는 심리 상담가를 찾아갔다. 그 심리 상담가는 2년 후의 삶을 상상해보라고 말했다. 이혼하길 원하는가? 아니면 남편과 함께 보내기를 원하는가? 캐서린은 자신이 원하는 것을 생각해보았다. 이내 그녀는 흐느껴 울기 시작했다. 그리고 그 자리에서 바로 이혼을 요구했다.

처음엔 당신이 원하는 대로 행동하기 어렵다. 주변 사람들의 입방아에 오르내릴 수도 있다. 하지만 그래서 어쨌다는 말인가. 당신은 현재 힘든 삶을 살고 있다. 당신은 사람들이 어떻게 생각할까에 대한 부담감과 자신의 가치를 깎아내리는 인간관계를 내려놓아야 한다. 그렇게 해서 자유와 행복을 얻게 되는 것이다. 자신을 가장 우선시함으로써 자신감을 얻게 된다.

캐서린의 사례를 듣고 당신 삶의 일면을 보는 것 같다면, 지금 바로 '변화해야 할 때'이다. 지금이라도 자신에게 물어보라. '하이파이브 하고 싶나요?' 그에 대한 대답이 '아니오.'라면 2가지 중 하나를 선택해야 한다. 그것을 변화시키기 위해 열심히 노력하거나 새로운 것을 받아들이기 위한 공간을 마련하기 위해 기존의 것을 끊어내야 한다. 캐서린은 이혼한 후 삶의 거의 모든 부분을 바꿨다. 이직하고 집도 샀다. 그녀는 이렇게 말했다.

"2년 전만 해도 아침에 일어나면 아이들 밥 먹이고 옷 입히고 학교 보내기에 바빴는데, 이제는 저를 돌보는 시간을 가지게 됐어요. 매일 아침에 일어나면 러닝머신을 뛰어요. 우선순위를 저에게 두는 법을 배우고 있는 거죠. 지난날을 돌이켜 보면 '왜 진작 이렇게 하지 못했지?'라는 생각이 들더라고요."

그녀가 여태껏 이렇게 하지 못했던 이유는 자신을 우선순위에 두는 법을 몰랐기 때문이다. 이 장을 시작할 때 언급했듯이 타인에게 맞추려는 요구와 인정받고자 하는 열망이 우리 내면에 있다. 이것이 얼마나 일상을 지배하고 있는지 우리는 잘 느끼지 못한다.

변화는 항상 아주 작은 것에서부터 시작된다. 매일 아침 일어나서 거울 속에 비친 자신과 하이파이브 하는 것과 같이 작은 일 말이다. 자신을 바라보는 시각과 스스로 대하는 태도를 바꾸라. 이는 당신의 존재를 축하하고 당신의 요구를 우선순위에 두는 것에서부터 시작된다. 그것은 삶의 모든 영역에서 눈덩이 효과를 발생시킬 것이다.

Q. | 어떻게 당신의 말을 믿을 수 있나?

믿어야 할 필요는 없다. 나는 당신이 스스로를 믿길 바라지 나를 믿으란 건 아니다. 나는 당신이 거울 속에 비친 당신의 모습을 바라보길 원한다. 하고 싶은 마음이 들지 않는다고 해도 일단 하라. 당신이 인생에서 원하는 것을 얻지 못하는 이유 중 하나는 하고 싶지 않다고 생각하기 때문이다. 삶은 항상 당신이 어려운 일을 할 때 더 나아진다. 포기하려는 마음을 떨쳐 내고 하라.

PART 4

세상에 내 마음대로 되는 일은
전혀 없지만

11장

"나는 왜
모든 일을 망칠까?"

목표와 장애물

삶의 방향을 바꾸거나 목표를 성취하려고 노력할 때 장애물에 부딪히곤 한다. 시험에 떨어지고, 직장에서 해고당하고, 건강이 악화되기도 한다. 불가피한 일이다. 당신도 예외는 아닐 것이다. 그런 일이 발생하면 부정적인 사고에 갇혀 두 손 두 발 다 들고 싶어진다. '내 생각대로 되는 건 아무것도 없어. 진작 무슨 일이 터질 줄 알았지. 그럼 나는 왜 이걸 계속해야 하는 거지? 다 망칠 것 같아. 주변 사람들 말이 옳았어. 나는 아무것도 못 할 거야.'

하지만 실패의 순간에 어떻게 대처하는가가 승자와 패자를 가른다. 일부러 가혹하게 말하려는 것이 아니다. 나중에 다시 이야기하겠지만 당신이 큰 낭패를 겪고도 긍정적으로 생각할 수 있기를 바란다. 내 말을 믿으시라. 나는 일을 망치는 데 일가견 있는 사람이다. 그리고 되는 일이 없다고 느껴질 때 어떤 기분인지 누구보다도 잘 알고 있다.

《5초의 법칙》은 나의 첫 책이었다. 나는 잘 해내고 싶은 욕심에 책이 출간된 날 나의 뉴스레터에 온라인 서점 링크를 첨부했다. 그러자 놀랍게도 단 몇 시간 만에 책이 품절로 떴다는 소식을 들었다. 그 순간 나는 너무 흥분했다. 당연히 몇 시간 만에 책이 모두 팔렸다고 생각했다. 그러나 책이 품절이라고 불평하는 이메일이 계속 날아왔다. 뭔가 잘못된 게 분명했다. 생각해보니 내 이메일 주소록 인원수는 책이 품절될 만큼 많지 않았다.

나중에 알게 된 사실은 알려지지 않은 저자의 책 주문이 폭주하는 경우, 서점 측에서 그 수요가 사재기가 아니란 걸 확인할 때까지 '품절'로 표시한다는 것이었다. 책이 출간되자마자 판매 중지되다니 아주 실망스러운 일이었다. 독자가 원해도 구매할 수 없으니 말이다.

나는 항상 베스트셀러 작가를 꿈꿨다. 비전보드에 '베스트셀러 1위'와 '천재적인 작가'의 이미지를 붙이기도 했다. 잡지에는 내 책의 소개 기사가 계속 나오고, 출판계에서는 내가 자비 출판을 선택한 것을 '혁신가'로 평가할 줄 알았다. 나는 아무것도 몰랐다. 자비 출판 도서는 대부분 베스트셀러 목록에서 외면당했다. 내가 마주하고 있었던 장애물은 실재하는 것이었지만, 크게 실패하게 된 이유는 나의 마음가짐이었다.

나는 정신적으로 추락했다. 당신도 이런 감정을 느껴봤을 것이다. 단 하나의 목표에 모든 노력을 쏟아부었는데도 이루지 못한 경험 말이다. 그럴 때 자신을 공격하게 되기 쉽다. 물론 나도 그랬다. 나는 망연자실했다. 그렇지만 주저앉아 있을 여유가 없었다. 스스로 일으켜 세워야 했다. 그래서 필요한 말을 내게 들려주기 시작했다. '이렇게 열심히 일하고도 아무런 보상을 받지 못할 리는 없어. 지금은 모르지만 아주 멋진 일이 기다리고 있을 거야.'

인생은 가끔 엿 같다. 아무리 노력해도 기회를 잡을 수 없다고 느껴질 때는 그저 하던 일을 계속하면 된다. 실컷 울고 일어나 원하는 목표를 위해 가라. 포기하면 자신을 포기하는 것이다. 멋진 일이 다가오고 있다고 자신에게 말해주면서 계속 앞으로 나아가야 한다. 힘든 순간에 나도 그렇게 했다. 이는 정신적으로 자신과 하이파이브 하는 것이라 볼 수 있다. 날마다 언젠간 내 수고가 보상받을 것이라고 스스로 안심시켜라. 당신이 할 일은 인내심을 가지고 꾸준히 계속하는 것이다. 그러면 언젠가는 결과가 드러날 것이다.

마음의 주도권을
되찾는 싸움

《5초의 법칙》을 내고 2주 후 나는 톰 빌리유의 유튜브 방송에 출연했다. 나의 첫 번째 책이 내 인생에서 가장 큰 실패가 되지 않도록 막을 유일한 기회였다. 이 일만 잘되면 충분히 가능성 있었다. 인터뷰가 공개될 때쯤 내 책도 판매 재개될 것이 분명했다. 이럴 때는 그의 초대에 감사 인사를 해야 맞을 것이다. 그런데 정작 내가 어떤 기분이었는지 아는가? 스트레스를 너무 받아서 배탈이 날 것만 같았다.

나는 잠시 화장실에 다녀오겠다고 말했다. 화장실에서 거울을 보니 벌써 블라우스의 겨드랑이 부분이 다 젖은 채였다. 나는 몹시 당황했다. 얼굴은 상기되어 원숭이 같았다. 어떤 비싼 화장품을 바른다 해도 그걸 가리지는 못했을 것이다. 겨드랑이에 얼룩진 땀을 휴지로 눌러 닦아도 소용없었다. 찬물로 딸기처럼 빨개진 볼의 열을 식혀 보려 했지만, 이것 역시 소용이 없었다. 사태를 진화하려고 허둥대고 있는 사이 누군가 화장실 문을 두드렸다.

하이파이브를 미리 알고 있었더라면 얼마나 좋았을까. 당시에 나는 스트레스 상황에서 극도로 긴장하곤 했다. 카메라

앞에서 해야 할 말을 잊어버리고 얼어붙어서 웃음거리가 되면 어쩌나 걱정됐다. 애써 마음을 가다듬고 거울 속의 나를 바라봤다. 마지막으로 숨을 깊이 내쉬면서 카운트다운 한 뒤 화장실 문을 열었다.

문 앞에는 제작진이 서 있었다. 나는 그를 따라 빌리유의 집 거실에 마련되어 있는 세트장으로 들어섰다. 톰과 그의 아내 리사는 따뜻하고 교양 있는 사람들이었다. 나는 만나자마자 그들이 좋아졌다. 그들도 나를 좋아했으면 하는 마음이 간절했다. 촬영이 시작되기 전 리사는 내게 "책은 잘 팔리고 있나요?"라고 물었다. 거짓말을 하고 싶은 마음이 굴뚝같았지만 차마 그러지 못했다. "생각보다 잘 안 팔리네요." 미소를 지으며 실토했다.

그때 방송이 시작됐다. 톰은 나를 움츠러들게 만드는 수식어를 붙여 소개했다. "여러분, 동기부여의 대가이신 멜 로빈스 선생님을 소개합니다!" 물론 그게 거짓말은 아니었다. 실제로 인터넷에서 검색해보면 나를 라이프코치이자 동기부여 강사라고 소개하고 있다. 그러니 그는 내가 '동기부여'라는 단어를 얼마나 역겨워하는지 알고 있을 리 없었다.

동기부여는 필요한 순간에는 절대로 주어지지 않는다. 두려울 때는 말할 필요도 없다. 정작 몸은 경고 신호를 보내며 가야 할 곳과 정반대로 마음을 이끈다. 내가 톰의 집 화장실 거울을 들여다보며 서 있을 때 본 것은 신간 출시에 실패한 여자와 접시 크기만 한 겨드랑이의 땀자국, 딸기처럼 빨간 볼이었다. 내 겨드랑이 땀자국 따위를 보며 동기부여가 될 리가 없지 않은가.

인생은 결정의 연속이다. 듣기 싫은 소식을 들었을 때, 예상치도 못한 청구서가 날아왔을 때, 애인에게 "사랑이 식었어."라는 말이나, 회사에서 "이번 달까지만 나오세요."라는 말을 들었을 때, 거울 속에 비친 초라한 자신의 모습을 봤을 때 당신은 결정을 내려야 한다.

걱정만 하며 시간을 허비하겠는가? 아니면 싸워서 마음의 주도권을 되찾겠는가? 삶이 당신을 넘어뜨리면 당신도 반격할 길을 모색하라. 당신은 언제나 스스로 던질 말을 선택할 수 있다. 나는 거울 속에 비친 나를 보며 늘 '망했다.'라고 말하곤 했었다. 하지만 이제는 '정신 똑바로 차려.'라고 말하기로 했다. 하이파이브만큼 효과가 좋지는 못했지만 내게 필요한 일침이 되어 주었다. 그래서 겨드랑이의 땀자국과 우려에도 불구하고 나는 마음의 평정을 되찾고 세트장 안으로 들어갈 수 있었다.

"'동기부여'란 말은
쓰레기예요"

톰이 내 약력을 소개하기 시작하자 순간 본능적으로 가면증후군이 발동했다. 나는 그 자리에 어울리지 않았다. 충분한 자격이 없었다. 하지만 나는 '동기부여의 대가' 그 말에 웃으며 이렇게 답했고 이것이 내 삶을 완전히 변화시켰다.

"'동기부여'란 말은 완전히 쓰레기예요."

톰이 흥미를 보이며 물었다.

"왜 그렇게 생각하죠?"

"언제부턴가 변화하기 위해서는 동기부여가 있어야 한다는 말이 정답이 됐어요. 그런데 그건 아니거든요. 우리의 마음을 들여다보면요. 인간은 두렵거나 어려운 일을 하도록 설계되어 있지 않아요. 뇌는 생명을 유지하도록 노력하고 있거든요? 아무래도 그런 것들로부터 우리를 보호하도록 설계됐지요. 그런데 사업을 하고 훌륭한 부모가 되고 훌륭한 배우자가 되어 자신이 원하는 일을 하기 위해서는 그런 일들을 할 수밖에 없죠. 그래서 그게 모두에게 문제가 되는 것이죠. 하지만 그런 일을 하고 싶어질 리는 없잖아요. 그러니 동기부여는 쓰레기나 다름없죠."

사람들이 듣고 싶어 할 것이라 여겨지는 말보다 당신의 진짜 생각이 더 흥미로운 법이다. 이 대화는 톰의 토크쇼에서 가장 인기 있는 에피소드 중 하나가 되었다. 얼마 되지 않아 1,000만이 넘는 조회 수를 기록했다. 누군가가 '동기부여가 쓰레기라 주장하는 여자'라는 제목을 달아 인터넷에 퍼뜨렸고 조회 수가 무려 2,000만 이상에 이르기도 했다. 그리고 내가 아는 한 아무도 내 겨드랑이 땀자국은 눈치채지 못했다.

인터뷰 요청이 줄지어 들어왔다. 팟캐스트 제작자들에게서도 전화가 왔다. 나는 모두 수락했다. 갑작스러운 유명세에도 불구하고 책 판매는 여전히 부진했다. 책을 구하기가 너무 어려웠기 때문이다. 하지만 나는 매의 눈으로 내 마음을 살폈다. 마음이 의기소침해지는 듯한 느낌이 들 때는 이 일을 하는 데에는 그럴 만한 이유가 있다고 스스로 진정시켰다.

실패라는 준비 과정

그러기를 정말 잘했다고 생각한다. 실제로 정말 놀라운 일이 벌어졌으니 말이다. 나는 애당초 오디오북을 녹음해두었다. 당시에는 이런 결과를 기대하지도 않고 한 일이었다. 앉은 자리에서 그냥 녹음했고 온갖 실수를 연발했다. 특별한 지식도 없었기에 책장 넘기는 소리, 펜 떨어뜨리는 소리, 물 마시는 소리까지 모두 녹음됐다. 남편이 오디오 파일을 업로드했고, 나는 《5초의 법칙》 책의 표지 이미지를 첨부했다.

《5초의 법칙》을 오디오북으로밖에 구할 수 없게 되자 사람들은 빠른 속도로 그것을 사들였다. 나는 이 상황을 까맣게 모르고 있었다. 1달쯤 후 오디오북 사이트에서 '월간 판매 현황'이라는 제목의 이메일을 받았다. 메일을 클릭한 순간 나는 너무 놀라 나자빠질 뻔했다. 매출은 상상을 초월했고, 별 5개 후기가 이미 수천 개에 달했다.

독자들의 마음을 사로잡은 특징 중 하나는 편집이 너무 엉성하다는 점이었다. 마치 저자가 옆에서 책을 읽어주는 느낌이었다 이 이야기를 하는 이유는 내가 한 '실수'가 놀랍게도 성공 비결이었다는 걸 말해주고 싶어서다. 종이책을 서점에서 살 수 있었다면, 오디오북이 그렇게 압도적인 매출을 기록하지 못했을 것이다. 결국 아마존은 내 책을 다시 '판매 중'으로 되돌려 놓았다. 그리고 그해 아마존에서 가장 많이 팔린 책 5위에 올랐다.

그리고 하나 더 기억해야 할 사실이 있다. 수백만 부가 팔리고, 별 5개짜리 후기가 10만 개 이상 달렸음에도 불구하고, 《5초의 법칙》은 베스트셀러에 진입하지 못했다. 하지만 결승선이 중요한 것은 아니다. 베스트셀러에 들고 싶다는 나의 꿈이 책을 쓰도록 이끌었다. 꿈의 목적은 당신을 나아가게 할 연료와 길을 안내해 줄 지도를 제공하는 것이다. 꿈이 기대하는 목적지까지 이끌어줄 수도 있고 그렇지 않을 수도 있다.

당신의 모든 수고가 당신을 어딘가로 이끌어준다고 믿을 때 기적을 만들게 될 것이다. 어떤 경우에는 그 기적이 당신이 상상했던 것이 아닐 수도 있다. 나는 베스트셀러 작가가 되겠다는 꿈은 달성하지 못했다. 하지만 포기하지 않는 자세를 배웠다. 저자로서 완전히 새롭고 혁신적인 비즈니스 모델도 경험했다. 그 일을 계기로 2년 만에 4건의 오디오북을 제작했다. 비록 달성하지는 못했지만, 베스트셀러 작가가 되겠다는 꿈을 좇은 덕분이었다.

멋진 결말을 믿으며 계속하라. 자신의 능력을 믿고 계속해서 앞으로 나아가라. 삶은 당신을 시험할 것이다. 하지만 매일 거울 앞에 나타나 하이파이브를 계속한다면 결국은 당신이 원하는 위치에 도달해 있을 것이다. 그리고 이루고자 노력했던 목표를 성취하지 못했다면 그게 당신이 해야 할 일이 아니고 인생이 당신을 위해 더 좋은 무언가를 예비하고 있기 때문이다. 아주 멋진 것 말이다. 그걸 믿어야 한다.

삶은 당신에게 무언가를 가르쳐주고 있다. 언제나 그렇다. 정말 예외 없이 모든 일은 다음에 일어날 일을 위한 준비 과정이다. 매일 아침 거울 속에 비친 자신에게 건네는 하이파이브는 그 사실을 믿도록 훈련하는 과정이다. 그러니 멈추지 말고 계속하라.

"나는 왜 모든 일을 망칠까?"

Q. | 이렇게 간단한 습관이
어떻게 효과를 발휘하는가?

하이파이브 습관은 아주 단순하다. 그리고 그게 가장 큰 강점이 된다. 도구는 그것을 사용할 때만 효과를 발휘할 수 있다. 간단한 것이면 사람들은 그것을 해볼 것이다. 행동은 반복할 때만 변화가 일어난다. 새로운 습관을 형성하기 위해서는 반복되는 일상 속에 그 행동을 추가할 수 있을 만큼 쉬워야 한다.

자신과의 관계는 삶에서 모든 것의 토대가 된다. 자신에게 어떤 방식으로 말을 건네고 자신을 어떻게 대하는지가 당신이 삶에서 하는 모든 일의 분위기를 결정한다. 그것이 당신의 기분과 생각, 행동을 결정한다. 거울을 봤을 때 축하해주고 싶은 마음이 들지 않는다면 변화가 필요한 때인 것이다.

매 순간 자신에게 용기를 북돋우는 것은 인생에서 승리하는 비결이다. 도로 경주에 참여했을 때 가장 좋았던 점은 사람들이 줄지어 서서 내가 가는 곳마다 나를 응원해준다는 것이었다. 그렇게 자신을 응원하는 법을 배운다면, 결승선 통과 여부를 떠나 어떤 메달이나 성취감보다도 더 빨리 자신감을 얻을 수 있게 될 것이다.

12장

감당할 수 없는
상황이 닥쳐도
평온한 사람들의 비밀

팬데믹,
이전과 이후의 삶

어떨 때는 정말 뜻하지 않게 어려움이 발생하기도 한다. 예상조차 하지 못했고 어려움이 일어날 만한 이유도 없는데 그런 상황에 빠진 것이다. 그럴 때 당신은 이런 생각이 들 것이다.

'너무 힘들어. 난 이런 걸 원한 적 없는데… 여기서 조그만 일 하나라도 더 터지면 정신병원에 입원해야 할지도 몰라. 정신이 하나도 없어. 내가 누군지도 모르겠어. 다 제대로 했다고 생각했는데… 신이시여, 어쩌다 이 지경이 난 걸까요? 제가 드디어 미친 걸까요?'

삶이 완전히 뒤집혔을 때 당신은 거울 속 자신을 진지하게 바라볼 필요가 있다. 그리고 이렇게 말하라. "두려운 거 알아. 그리고 넌 해낼 수 있다는 것도 알아." 두려운 당신이 간절하게 원하는 진짜 대화는 이런 것이다. 두려운 것은 정상이다. 다만 두려움을 느끼고 난 다음 어떻게 행동하는가에서 차이가 생긴다. 무서워도 문제를 직면할 수 있다면, 자신의 능력을 여전히 신뢰할 수 있다. 세상의 무게로 어깨가 무거워도 자신감 있게 당당히 설 수 있다.

코로나19 상황으로 삶이 바뀔 거라는 사실을 직감한 순간이 언제였는지 기억하는가. 직장에서 재택근무를 권고했을 때, 길거리가 기묘하리만치 조용해졌을 때, 당신의 할머니가 계시는 요양원에서 가족들의 면회를 금지했을 때, 아니면 누군가와 격리 문제로 말다툼을 벌였을 때였을지도 모르겠다.

나는 코로나19 팬데믹 때문에 많은 걸 잃었다. 촬영 중에 방송국 건물 내에서 확진자가 나왔다는 소식을 들었다. 우리는 그 즉시 건물을 비워야만 했다. 너무 순식간에 일어난 일이라 10개월 동안 함께 일해온 스텝들과 작별 인사를 나눌 겨를도 없었다. 건물 밖으로 나가자 구급차 몇 대가 서 있었다. 나는 차에 몸을 싣고 집을 향해 달리기 시작했다. '방금 도대체 무슨 일이 일어난 거지?' 하는 생각이 들었다.

갑작스러운 변화의 순간은 항상 경계선을 긋는다. 그 이전과 이후가 극명하게 갈리며 삶은 결코 다시 이전과 같아질 수 없다. 만약 당신이 아주 힘든 건강상의 문제를 겪었거나, 누군가가 갑자기 죽었거나, 남자친구가 바람을 피웠거나, 직장에서 해고를 당했을 때 당신의 삶은 둘로 나뉜다. 이전의 삶은 전부 사라진다. 당연히 예전의 당신도 사라진다. 갑자기 완전히 새로운 상황에 놓이게 되는 것이다. 나는 이제껏 살면서 이 모든 일을 경험해 보았고 코로나19 팬데믹이 발생했을 때도 정확히 그런 기분이었다. 정말 혼란스러웠다.

변화는 성장의 기회를 제공하기도 한다. 내가 아주 좋아하는 말이 있다. "새로운 삶에 대한 대가는 바로 과거의 삶이다." 이 말을 좋아해서 SNS에 포스팅도 자주 했다. 물론 그렇다고 바로 실생활에서 받아들이기 쉬운 문장은 아니다. 솔직히 말하면 나조차도 팬데믹이 닥치자 새로운 삶을 원하지 않았다. 예전의 삶으로 되돌아가고 싶었다.

코로나가 처음 발생했을 때 모든 이들이 비슷한 기분을 느꼈을 것이다. 우리 모두 두려움에 휩싸였다. 죽음에 대한 두려움, 실직에 대한 두려움, 홀로 남겨질지도 모른다는 두려움. 나의 경우는 또다시 파산하게 될지도 모른다는 두려움에 사로잡혔다. 우선 토크쇼가 폐지됐다. 예정된 강연들도 하나씩 취소됐다. 그뿐만 아니라 당신이 지금 손에 들고 있는 이 책의 계약도 취소됐다. 따라서 출판사에서 받았던 (이미 다 써버린) 계약금도 반납해야 했다.

> "나는 괜찮아. 나는 안전해.
>
> 나는 사랑받고 있어."

나는 늪에 빠진 것 같은 무력함을 느꼈다. 불안은 또다시 나를 덮쳐왔고 그 마음을 무감각하게 만들기 위해 알코올에 의존했다. 그때 내게 필요한 것은 오직 격려였다. 괜찮다고 해줄 누군가가 필요했다. '과거에도 비슷한 어려움을 겪었고 이 어려움을 헤쳐나가는 게 쉽지는 않겠지만 나는 괜찮을 것이다. 그리고 이 어려움을 헤쳐나가다 보면 더 나은 내가 될 것이고 내 삶도 더 의미 있는 삶이 될 것이다.' 그렇게 생각해야만 했다.

하지만 나는 51살의 나이에 나를 개조하고 싶은 마음은 들지 않았다. 진절머리가 났다. 지금까지 얼마나 여러 번 내 인생을 개조해왔는지 아는가? 당신도 분명 어떤 면에서는 공감할 것이다. 당신은 이혼을 원한 것도 자동차 사고를 원한 것도 가족의 죽음을 원한 것도 아니다. 병에 걸리고 싶어 걸린 것도 아니다. 그리고 당연히 팬데믹을 원하지도 않았다.

나는 매일 아침 두려움을 안고 일어났다. 심장은 두려움에 요동쳤고 불안은 마치 파도처럼 발목부터 가슴까지 치고 올라왔다. 그래서 잠에서 깰 때면 늘 그 감정에 휩싸여 있었다.

예전과 달리 팬데믹 시기에는 내가 할 수 있는 일이 없었다. 출근할 회사도 없었고, 친구를 만날 수 있는 카페도 없었고, 헬스장도 문을 닫았다. 탈출할 수 있는 구멍은 어디에도 없었다. 오로지 불편한 감정을 안고 있는 나밖에 없었다.

모든 불확실성에 대한 걱정에 사로잡혀 잠에서 깨어났다. 코로나 이전에는 보통 마음을 다스리기 위해 남편에게 손을 뻗었다. 그가 내 옆에 있다는 사실이 안정감을 주었다. 그런데 남편은 오히려 팬데믹 때문에 생긴 휴가로 더 풍요로운 삶을 살았다. 자신이 어쩔 수 없는 일에 대해 걱정하기보다는 마음의 균형을 잡고 내면의 만족감을 느끼기에 더욱 전념했다. 남편은 자신의 가장 깊은 감정적 요구를 보살피고 있었다.

나로선 의지하던 대응 기제가 사라진 것이다. 그러니 나를 구하는 법을 내가 찾아내는 수밖에 없었다. 침대에 누워 조용히 말했다. 남편이 내게 해주었으면 하는 말을 말이다. "나는 괜찮아. 나는 안전해. 나는 사랑받고 있어." 그러면 왠지 안정되는 기분이다. 그 누구도 팬데믹이 며칠을 갈지 몇 년을 갈지 알 수 없다. 그런 순간에 내가 내게 들려주고 있는 말은 안정감을 준다. 나는 괜찮아. 나는 안전해. 나는 사랑받고 있어.

아침에 눈을 뜨면 가슴에 손을 얹고 숨을 크게 들이마신 후 이렇게 말하라. "나는 괜찮아. 나는 안전해. 나는 사랑받고 있어." 필요한 만큼 반복하라. 가슴에 흐르는 안도감을 느껴 보라. 몸이 안정되고 자신과 더 잘 연결된 느낌이 들 것이다. 10번, 아니 100번쯤 말해야 할지도 모른다. 원하는 만큼 반복하라. 이 습관은 평온함과 확신을 강화해줄 것이다. 그리고 매일 아침 반복하면 지쳐 있는 신경계가 안정된다. 말 그대로 몸에게 안전함을 느낄 때 어떤 기분인지 가르쳐 주는 것이다.

상태가 별로인 날 아침, 이렇게 말하면 그 순간만큼은 떠올랐던 부정적인 사고를 막을 수 있다. 부정적인 기운을 제압할 수 있을 때까지 반복해서 말하라. 조금 안정된 것 같다면 이 습관을 1단계 더 발전시켜 다음과 같이 말할 수 있다. "멜, 너는 괜찮아. 멜, 너는 안전해. 멜, 너는 사랑받고 있어." 이렇게 자신의 이름을 불러줌으로써 1단계 더 깊게 들어갈 수 있다. 망상활성계는 언제나 당신의 이름을 듣고 있어 이름이 들리면 주의를 기울여야 한다고 자각하기 때문이다.

우리는 자신과 자신에게 말하는 목소리를 분리해서 받아들인다. 내가 "멜, 너는 괜찮아."라고 말할 때 나는 특히 편안함을 느낀다. 마치 다른 사람이 말하는 것처럼 느껴지기 때문이다. 거울 속에 비친 자신을 바라보며 혼자가 아님을 깨닫는 것과 비슷하다. 당신에게는 '당신'이 있다. 이것은 심리학에서 '객관성의 위력'이라 부르는 개념을 활용하는 것이다. 자신을 더 객관적인 관점에서 지칭하면 아주 긴장되는 상황에서도 부정적인 감정을 다스릴 수 있게 된다.

감정은 언젠가 사라지는
파도일 뿐

이 습관은 감정의 파도를 무사히 타는 법을 알려준다. 나는 과거에 내가 잘못 생각한 게 무엇이었는지 깨달았다. 그때 나는 잠에서 깨어 불안의 파도를 느끼면 그 즉시 그 상황을 거부했다. 매일 밤 자려고 이불을 덮으면 아침에 또다시 그런 감정을 느낄까 봐 두려웠다.

그런데 그 실상이 무엇인지 아는가? 내가 스스로 그런 감정을 불러들이고 있었다. 부정에 저항하는데 너무 많은 에너지를 쏟아부은 나머지를 중요한 일로 만들어버렸다. 망상활성계에게 비참한 상태로 잠에서 깨라고 지시한 것과 다름없다. 지금도 가끔 불안을 느낀다. 하지만 더 이상 그것을 두려워하지는 않는다. 그 감정을 잠재우려면 어떻게 해야 하는지 정확하게 알기 때문이다.

나는 기분이 끝장나게 좋은 아침에도 가슴에 손을 얹는다.

그렇게 말하면 기분이 더 좋아지기 때문이다. 마치… 아주 좋아하는 사람이 포옹해주는 기분이 든다. 덕분에 삶의 동력을 얻는다. 꼭 아침에만 이 도구를 활용해야 하는 것은 아니다. 자신을 안심시키는 말이 필요할 때는 언제든 활용해도 된다. 나는 어제 마트에서 장을 보다가 불안한 마음이 들어 이 도구를 활용했다.

언제는 내 친구 사진사 제니가 감사 인사를 전해왔다. 그녀는 비행기를 타고 있었다. 이륙한 지 15분 정도 됐을까. 갑자기 객실여압장치가 제대로 작동하지 않았다. 기관사는 다급하게 착륙을 시도했고, 승무원들은 승객들에게 안전벨트를 착용하라고 말했다. 비행기는 다시 출발지로 회항해 비상착륙했다. 그 과정에서 바퀴에 불이 붙었고 공항은 응급구조대원들로 가득 찼다.

그녀는 "살다 살다 그렇게 겁났던 적은 처음이야. 그런데 나 2시간 뒤에 바로 다른 비행기 탔잖아. 이게 다 멜이 알려준 문장 덕분이야." 당신은 안전하다. 당신은 괜찮다. 그리고 당신은 사랑받고 있다. 그 세 마디의 말은 마법이다. 그 순간에 안정감을 되찾아준다.

마리아는 트라우마로 매일 아침 불안해하며 잠에서 깼다.

나처럼 '누군가 나에게 화내는 것만 같은 느낌'이었던 것이다. 그녀는 내 영상을 보고 습관을 실천했다. 그리고 시작한 날부터 곧바로 자신의 일상이 달라졌다는 사실에 놀랐다. 그녀는 "아침부터 불안감을 느끼면 하루종일 찜찜해요. 언제나 무의식 속에 남아 있지요. 이렇게 간단하게 해치울 수 있다는 게 신기하네요. 가슴에 손을 얹고 '나는 괜찮아. 나는 안전해. 나는 사랑받고 있어.'라고 말하는 것만으로 삶이 바뀌더라고요. 아직도 잠깐씩 불안할 때가 있지만 더 이상 하루종일 불안에 떨진 않아요."

이 책을 집필하는 동안 마리아와 비슷한 경험을 한 사람들의 얘기를 많이 듣게 됐다. 듣다 보니 사람들이 불안을 느끼는 이유 중 하나가 어린 시절에 겪었던 일 때문이라는 생각이 들었다. 내가 일찍이 '인생이 당신을 지배한다.'라고 말했던 것의 의미가 바로 이것이었다. 인생은 어떤 형태로든 우리를 지배한다. 우리는 가끔 그 기억을 직시하기 고통스럽고 창피해서 그것을 묻어버린다. 하지만 묻어버렸음에도 불구하고 그것은 당신의 몸과 마음에 상처를 낸다.

가슴에 손을 얹고
하이파이브 하는 것

발목부터 시작해 가슴까지 올라오는 감정을 기억하는가? 그 '감정'은 성인이 된 몸이 기억하고 있는 유년 시절의 트라우마다. 이는 생각만으로는 치유할 수 없다. 기본적으로 설정된 반응을 바꾸고 신경계의 찌꺼기를 제거해줄 행동이 필요하다. 트라우마는 당신의 잘못이 아니지만, 건강한 몸과 마음을 원한다면 트라우마 제거는 스스로 해야 한다. 하이파이브 인생을 위해 트라우마에 맞설 용기를 찾아야 한다. 매일 아침 가슴에 손을 얹고 하이파이브 하는 것이 당신에게 아주 큰 도움이 될 것이다.

당신의 아침을 '가슴에 손을 얹고 하이파이브 하는 것'으로 시작해야 하는 이유는 간단하다. 불안을 잠재우고 신경계를 안정시켜야 한다. 스트레스 상태에 놓여 있을 때 뇌는 생존 모드로 전환된다. 그렇게 되면 대뇌는 어떤 긍정적인 정보도 받아들이지 못한다. 대뇌는 새로운 기술을 습득하고 기억을 생성하는 역할을 담당한다. 생존 모드에서는 주변의 위협 요소만을 보게 만든다. 그래서 아침의 스트레스와 불안이 당신을 물 먹은 솜이불처럼 느껴지게 하는 것이다.

가장 효과적인 방법은 몸을 안정시키는 것이다. 침대에 드러누워 두려움만 생각한다면 그것은 이미 느끼고 있는 불안을 가중하는 행동이다. 몸을 안정시키지 않고 무분별하게 일상을 시작하는 것은 불안을 지속시킨다. 하지만 좋은 소식이 있다. 스트레스 반응을 끄는 것은 '가슴에 손을 얹고 하이파이브 하는 것'만큼 간단하다. 몸의 긴장을 풀어주고 휴식과 이완을 담당하는 신경계를 작동시켜라.

원할 때면 언제든 침착한 상태를 발동할 수 있는 이유는 미주 신경 덕분이다. 미주 신경은 몸속에서 주행 경로가 가장 긴 신경으로 뇌와 각각의 기관들을 연결한다. 통증, 감촉, 온도에 관한 정보를 전달하고 목과 성대의 근육까지도 통제한다. 또한 뇌가 도파민을 생성하는 것을 돕기도 한다. 도파민은 기분이 좋아지게 해주는 호르몬으로 긴장을 완화하고 침착하게 만들어준다. 미주 신경을 활성화하는 방법은 간단하다. '가슴에 손을 얹고 하이파이브 하는 것'으로 가능하다.

이 행위는 몸에게 지금 안전하고 스트레스받지 않는다는 것을 말한다. 따라서 망상활성계는 안전하고 괜찮다고 느끼는 게 당신에게 중요한 일임을 인식하게 된다. 또한 스스로 괜찮고 안전하고 사랑받고 있다고 더 많이 말할수록 더 빨리 불안에서 깨어난다. 자신과 하이파이브 하며 긍정적인 말을 들려줘라. 미주 신경을 활성화해 불확실하고 불안한 느낌에서 자신감 있고 편안한 느낌으로 몸의 반응을 재훈련할 수 있다.

'가슴에 손을 얹고 하이파이브 하는 것'이 삶의 조건을 바꾼다고 말하면, 당신은 아마도 말도 안 된다고 반박할 것이다. 삶의 조건을 바꿀 수는 없다. 그런 의미로 말하는 것은 아니다. '가슴에 손을 얹고 하이파이브 하기'는 당신을 변화시킨다. 그리고 당신이 변하면 삶의 조건을 변화시킬 수 있다. 마음을 균형 잡힌 상태로 만드는 법을 알게 되면 과거의 트라우마도 치유할 수 있다.

내가 소개하는 이 방법들은 영향력 있는 연구 보고를 기반으로 하고 있다. 그 요법들은 아주 좋은 효과를 기대할 수 있는 비밀 병기다. 만약 당신이 하이파이브에 거부감을 느낀다면 심리 치료의 도움이 필요하다는 신호라 볼 수 있다. 당신이 완전한 존재로 가는 치유의 여정은 응원받아 마땅하다. 그러니 가능한 심리 치료도 함께 받아볼 것을 권한다.

진정한 자신감은 스스로 괜찮다고, 안전하다고, 사랑받는다고 말할 수 있는 것이다. 그리고 그 말이 진실임을 믿는 것이다. 당신은 어디에서 어떤 일이 벌어지든 당신이 인생에서 믿을 단 한 사람이 바로 '자신'임을 깨닫게 된다. 당신은 스스로 과거의 트라우마에서 벗어날 수 있다. 몸을 안정시키고 영혼이 자유롭게 날아오를 수 있도록 해방할 수 있다. 이것이 자기효능감 강화의 정확한 정의이다. 매일 아침 자신에게 닥치는 문제를 스스로 해결할 수 있다는 사실을 알아야 한다.

Q. | 하이파이브가 꾸준히 변화를 가져올 수 있는가?

물론이다. 나는 과학적으로 증명된 것이 아니면 추천하지 않는다. 당신도 이제 하이파이브 효과를 어느 정도 인식하게 되었겠지만, 이는 시작일 뿐이다. 요컨대 우리는 그동안 하이파이브 할 때마다 긍정적인 감정을 연상해왔다. 평생토록 모르는 사람들이나 친구들과 하이파이브 할 때마다 긍정적인 감정을 느꼈기 때문이다. 자신과 하이파이브 하는 것을 습관화하면 잠재의식에 저장된 패턴이 바뀌어 기분이 좋아지고 목표를 달성하는 데 도움이 될 것이며, 근본적으로 삶의 궤적이 바뀔 것이다.

13장

운명의 이끌림에
기꺼이 마음을 열라

당신을 끌어당기는 것을
발견했다면

살면서 소름이 돋을 만큼 변화를 원한다면 믿음의 힘에 대해 알아야 한다. 믿음이 왜 그토록 중요한지 알려주겠다. 마음은 당신이 원하는 것을 얻을 수 있도록 협조한다. 당신이 기꺼이 그 사실을 믿는다면 말이다. 불가능한 일을 믿을 수 있도록 스스로 격려하라. 믿음의 힘으로 나의 삶은 180도 달라졌다.

내가 대학교 4학년 때, 하루는 부모님께서 학교에 오셨다. 그날 저녁 우리는 잘 차려입고 근처 레스토랑에 갔다. 건물 안으로 들어서자 내 마음은 온통 치즈 수프를 향했다. 룸메이트가 이곳의 치즈 수프가 끝내준다고 했기 때문이다. 그날 레스토랑 안으로 걸어가며 나는 벽에 걸려 있는 커다란 풍경화를 보았다. 그저 그림을 쳐다보고 지나간 정도가 아니라 멈춰서서 그 그림을 응시했다. 그림은 문을 가로로 기울여 놓은 것만큼 컸다. 그 그림이 어쩐지 익숙하게 느껴졌고 내 마음을 끌어당겼다.

그림에 가까이 다가가자 갑자기 주변이 쥐 죽은 듯 고요해졌다(내가 느끼기엔 그랬다). 나는 그림 쪽으로 더 가까이 다가

갔다. 마치 그림 속으로 걸어가는 것 같았다. 그림은 버몬트의 넓은 들판이었다. 들판 한가운데에는 길게 자란 풀과 나무들이 늘어서 있었다. 하늘엔 파란 구름과 우뚝 솟은 산자락이 있었다. 들판으로 불어오는 산들바람과 싱싱한 건초의 싱그러운 향도 느껴지는 듯했다.

그 순간 나는 레스토랑에 서 있는 게 아니었다. 들판 한복판에 서 있었다. 내 몸과 마음, 영혼은 오로지 그 그림에만 집중했다. 설명할 수는 없는 거대한 것에 연결된 느낌이었다. 나는 여태껏 예술품을 사고 싶다고 생각한 적 없었다. 하지만 그 순간만큼은 그 그림이 너무 갖고 싶었다. 이처럼 삶에는 설명할 수 없는 열망의 순간이 찾아온다. 무언가가, 어떤 장소가, 어떤 사람이 당신에게 예정됐음을 깨닫는 순간이 있다. 당신은 그 순간에 온전히 본연의 모습으로 존재한다. 이것이 바로 하이파이브 에너지다.

남편을 처음 봤을 때도 그랬다. 나는 뉴욕의 한 술집에서 위스키를 주문했다. 그러자 뒤에서 어떤 남자가 "그거 괜찮네요. 똑같은 걸로 주세요."라고 말했다. 나는 뒤돌아보았고 지금의 내 남편이 거기 서 있었다. 술집의 소음이 모두 사라지고 우리는 대화 속으로 빨려 들어갔다. 마치 한 1,000년 동안 알던 사이였던 것처럼. 그는 3일 후 내게 청혼했다.

몇 년 뒤 나는 열망의 파동을 또 한 번 느꼈다. 보스턴에 버려진 집 앞을 지나갈 때였다. 나는 남편에게 차를 세우라고 말했다. 집의 창문은 죄다 부서져 있었고 잔디가 무성하게 자라 있었다. 마치 폐가 같았다. 그런데도 이유 없이 그 집을 사고 싶었다. 겨우 집주인을 추적해 등기부등본을 확인했다. 우리는 그 집을 사들여 지난 24년 동안 이 집에서 생활했다.

이것은 내 인생에서 사고가 꽉 막히지 않았던 순간들이다. 그때 나는 열린 상태였다. 내가 원하는 것이 무엇인지 잘 알았고, 이유가 무엇이든 스스로 그것을 믿어도 된다고 허락했다. 당신은 원하는 것을 가질 자격이 있다. 그리고 그 사실을 믿도록 허락하는 것은 아주 큰 힘을 발휘한다. 망상활성계가 즉각 마음을 그에 맞춰 조정하기 때문이다.

레스토랑에 서서 그림을 들여다보는 사이 많은 시간이 흘렀다. 웨이터가 쟁반을 놓쳐 유리잔 여러 개가 산산조각이 났다. 그 소리에 놀라서 고무줄 튕기듯 정신이 돌아왔다. 그리고 몸을 기울여 가격표를 보았다. 3,000달러였다. 나는 숨을 크게 내쉬며 천천히 돌아섰다. 부산한 레스토랑의 떠들썩함과 다시 가까워졌지만 내 마음은 여전히 열려 있었다. '다시 돌아올 거야.'라고 생각하며 부모님이 앉아계신 테이블로 갔다. 어머니가 어디 갔다 왔냐고 물었고, 나는 "벽에 걸린 그림이 멋지더라고요."라고 대답했다. 어머니는 그림이 있는 쪽을 잠시 바라보고는 다시 메뉴판에 시선을 돌렸다.

무언가에 열망을 가진다는 건 아주 중요하다. 그 순간은 지극히 개인적이다. 당신에게 운명적으로 느껴지는 것이 다른 누군가에게는 그렇지 않다. 어떤 것이 당신을 끌어당긴다면 그것은 당신을 위한 것이다. 그것을 얻기 위해 노력하라. 일단 원하는 목표물을 발견하면 그것은 있는 듯 없는 듯 항상 당신 곁에 머물게 된다. 당신이 그것을 다시 떠올리는 때를 기약하며 무의식 속에 저장된다. 반대로 무언가가 당신에게 예정된 것이 아니라면 어떻게 알 수 있을까? 곧바로 당신과 상충하는 에너지를 느끼게 될 것이다. 전혀 끌리지 않을 것이고, 밀어내는 느낌이 든다. 당신 안의 뭔가가 움츠러드는 것처럼 느껴질 것이다.

무의식에 '중요' 표시를 남기는
자이가르닉 효과

나는 졸업을 앞두고 그 레스토랑을 다시 찾았다. 그 그림이 보고 싶어서였다. 사물과도 사랑에 빠질 수 있나? 내

안에서 가능성이 열린 느낌이었다. 나는 아직 그 그림에 용건이 많았다. 마치 로맨스 소설의 도입부 같지 않은가. 나는 그림에서 조금 떨어진 곳에 앉아 밥을 먹었다. 언젠가 그 그림이 내 부엌에 걸리는 모습을 상상했다. 저 그림은 반드시 내 것이 될 것이다. 그때의 나는 그 그림을 살 수 있을 거란 사실을 전혀 의심하지 않았다.

지금 생각하면 웃음만 나온다. 21살의 멜 로빈스는 돈도 없는 주제에 그림 옆에서 밥을 먹었다. 미술 전공이었던 것도 아니고 화가도 아니었다. 그냥 가난한 대학생이었다. 설사 3,000달러가 있었다 해도 그 돈을 전부 그림 사는 데 쓸 패기도 없었다. 그랬다면 아마 부모님 손에 반쯤 죽었을 테다. 더군다나 내 집엔 그렇게 큰 그림을 걸어놓을 곳도 없었다. 나는 백수였고, 남자친구를 따라 뉴욕으로 가서 새로운 삶을 시작할 참이었다.

내가 왜 그랬는지 명확하게 설명하기는 힘들다. 우스갯소리로 이 책에 필요한 예시라서 일어난 일이라고 생각한다. 내가 만약 부정적인 사고방식으로 막혀 있었다면, 이 이야기의 결말을 쉽게 상상할 수 있다. 스스로 부정적인 말을 던졌을 것이다. '넌 이걸 살 돈이 없어. 이건 시간 낭비야. 여기서 도대체 뭐 하니?' 그 부정적인 생각들은 부정적인 행동으로 이어졌을 것이다. 나는 아마 그 레스토랑에 다시는 가지 않았겠지.

아무튼 그 그림이 내 마음속 스위치를 켠 게 분명했다. 나는 소리 없이 다짐하며 레스토랑을 나왔다. 마음속에 조용한 확신이 생겼다. 의욕이 솟아났고 이루고자 하는 의지가 자신감에 불을 지폈다. 언젠가는 그 그림을 가지게 될 거란 직감이 왔다. 그리고 오로지 그 생각만이 내가 마음에게 허락하는 유일함이었다. 망상활성계의 작동 원리를 기억하는가? 스스로 무언가 중요하다고 생각하는 것은 일종의 행동 지침과 같다. 당신이 꿈꾸는 바를 절대 잊지 않는 이유다. 마음이 그것을 허락하지 않는다. 꿈을 이룰 가능성의 여지를 남겨둔다.

아니나 다를까 나는 그때를 기억했다. 이것이 '자이가르닉 효과'라 불리는 심리 코딩이다. 당신에게 중요한 무언가를 의도적으로 생각할 때 뇌는 그것에 주목한다. 그뿐만 아니라 '중요'라는 꼬리표를 달아 무의식 속에 저장한다. 아주 훌륭하지 않은가? 이는 곧 당신의 목표가 항상 '마무리되지 않은 일'로 마음속 저편에 존재한다는 뜻이다. 그래서 마음은 그것을 당신에게 상기시킬 기회만을 엿본다. 망상활성계는 세상을 유심히 살펴 당신의 무의식에 암시를 준다.

스스로 너무 늦었다고 말할 때조차도 꿈과 목표는 당신의 뇌리를 떠나지 않는다. 에두아르도가 항상 배우를 동경하고 있는 것과 같은 이치다. 내가 항상 베스트셀러 작가가 되기를 갈망하는 것도, 당신이 자동차를 사고 싶을 때 그것만 눈에 보이는 것도 그렇다. 당신은 차라리 잊고 싶을지도 모르지만, '자이가르닉 효과' 덕분에 마음은 그것을 잊지 않는다. 꿈을 대하는 태도에는 2가지 선택지가 존재한다. 그 꿈을 좇거나 아니면 꿈이 당신을 좇아다니는 괴롭힘을 당하는 것이다.

결승선 통과가 아니라
새벽 5시의 감각을 시각화하라

나는 그림 구매를 현실화하기 위해 단계별로 생각했다. 열심히 일하는 모습, 그림 살 돈을 마련하기 위해 저축하는 모습, 내 책상 서랍 속에 현금 봉투가 마련되어 있는 모습 등을 상상했다. 마침내 그 그림을 사게 됐을 때 느낄 기쁨과 전 주인과 악수할 때 손이 맞닿는 느낌도 상상했다. 심지어 내 얼굴에 번지는 미소도 느꼈다. 그림을 벽에 고정하는 모습도 보였다. 그렇게 큰 그림을 안정적으로 제대로 설치하기 위해서는 누군가의 도움이 필요할 것이다.

인식하지 못하고 있었지만 나는 그 그림을 내게 끌어오기 위해 시각화 방식을 활용하고 있었다. 현실화와 시각화에는 망상활성계를 변화시키는 과학적인 작용이 숨어 있다. 물론 그것을 제대로 할 때만 효과가 발휘된다. 나는 그림을 내 것으로 만들기 위해 할 일들을 작은 단위로 쪼개어 상상했는데, 운 좋게도 그것이 올바른 방식이었다.

대부분 현실화를 잘못된 방식으로 시도하고 있다. 최종 결과만을 시각화하려고 노력하기 때문이다. 현실화를 잘못 시도하면 중도에 좌절하기 쉽다. 최종 결과를 현실화하는 것만으로는 당신의 꿈을 이룰 수 없다. 현실화를 제대로 한다면 꿈은 현실이 된다. 적어도 꿈을 현실화하기 위한 작업을 하는 데 도움이 될 것이다.

시각화는 당신 머릿속의 그림과 일치하는 기회를 망상활성계가 알아보게 한다. 그러나 시각화가 목표를 달성하는 데 정말 도움이 되려면, 꿈을 이루기 위해 어렵고 귀찮은 일들을 해나가는 자신을 시각화할 필요가 있다. 뇌 사진을 찍어보면 어떤 행동을 시각화할 때 활성화되는 뇌의 부분과 실제로 그 행동을 실행할 때 활성화되는 부분이 일치함을 알 수 있다. 따라서 미래에 할 행동을 정신적으로 연습할 수 있다.

특정 행동을 시각화하면 그 행동을 완수하게 될 가능성

이 커진다. 결과를 얻기 위해선 행동하라. 잠시 시각화의 진행 과정을 살펴보자. 만약 당신이 '마라톤 참가'를 현실화하기를 원한다면 매일 그 꿈을 종이에 적어라. 하지만 결승선을 통과해 군중의 박수받는 모습을 시각화해서는 안 된다. 운동화 끈을 묶고 있는 자신의 모습을 시각화하라. 눈을 감고 적막 속에서 홀로 20km를 뛰는 기분이 어떨지 상상하라. 새벽 5시에 알람 시계가 울릴 때 몸이 느끼는 감각을 느껴보라. 그리고 창밖을 내다보니 비가 억수같이 퍼붓고 있을 때, 밖으로 나가 빗속을 뛰기 시작하는 자신의 모습을 상상하라.

당신의 꿈이 성공한 사업가라면 통장에 찍히는 액수를 시각화하면 안 된다. 고객에게 영업 전화를 거절당할 때의 기분을 상상해라. 그리고 다시 수화기를 들어 다음 전화번호를 누르는 모습을 그려보라. 당신의 꿈이 사랑 넘치고 건강한 관계를 맺는 것이라면, 과거에 안 좋게 끝난 관계의 패턴을 제거하기 위해 심리 치료를 받는 모습을 상상해라. 그것이 바로 당신의 멋진 꿈을 실현하는 방법이다.

꿈이 현실이 될 때, 그 순간에 당신의 존재는 완벽하게 준비된다. 20km 마라톤을 뛰는 날이 다가왔을 때, 그리고 새벽 5시에 영하 10도일 때, 당신은 화장실 거울 속에 비친 자신의 모습을 바라보며 불평불만 늘어놓지 않을 것이다. 이미

이 순간을 시각화해 익숙하기 때문이다. 따라서 당신은 거울 속 자신에게 하이파이브 한 뒤, 20km와 영하 10도라는 현실 상황을 받아들이고 그에 맞설 준비를 할 것이다. 나의 경우엔 그림 구매를 위해 필요한 상황을 단계별로 상상함으로써 가능성을 새겼다.

부정적인 생각을 걷어내는
무의식의 마법

어느새 그 그림은 내 무의식 저편으로 사라졌다. 나는 대학을 졸업하고 워싱턴에서 줄곧 일하다가, 로스쿨을 다니기 위해 보스턴으로 갔다. 그러다 뉴욕에서 남편을 만났고 변호사로 일하기 시작했다. 우리는 결혼 후 남편의 직장 문제로 다시 보스턴으로 돌아갔다. 몇 년이 지나 남편이 버몬트로 단풍놀이를 가자고 했을 때, 갑자기 그 그림이 생각났다. 나는 남편에게 거의 10년 전에 본 그림을 묘사했다. 그리고 그 레스토랑에 가서 그림이 아직 있는지 확인해야 한다고 고집을 부렸다.

여행까지 아직 시간이 많이 남았지만, 그 그림을 다시 보게 된다고 생각하니 힘이 났다. 그 그림은 내 무의식에 저장되었다가 마법처럼 내게 돌아오는 길을 찾아온 것이다. 너무나도 흥분됐다. 우리는 모두 이런 기분을 알고 있다. 우리가 원하는 무언가가 점점 가까워지는 기대감 말이다. 그것을 손에 넣기 전부터 영혼이 그걸 축하하는 것만 같았다. 설사 그것을 손에 넣지 못한대도 말이다.

차를 타고 그곳으로 향하는 길에 나는 내 몸에 흐르는 에너지를 느꼈다. 레스토랑이 가까워질수록 마음속의 그림은 점점 더 선명해졌다. 레스토랑 앞에 차를 세우자 오감이 바빠졌다. 건물 안으로 들어서자 입구에 걸려 있는 그림이 눈에 들어왔다. 내가 마음에 둔 그림과 같은 화가가 그린 것이었다. 심장이 요동쳤다. 나는 남편의 손을 부여잡고 그를 식당 구석구석으로 이끌었다.

하지만 그림은 그 자리에 없었다. 그 순간 가장 놀라웠던 건 남편이 나보다 더 실망했다는 사실이다. 나는 조금 기분이 안 좋긴 했지만 괜찮았다. 이렇게 많은 시간이 흘렀는데도 그림이 아직 거기에 있다면 그것이야말로 더 놀랄 일 아닌가. 하지만 가장 중요한 점은 이것이다. 하이파이브 정신은 무엇이든 가능하다고 믿는다. 설사 모든 희망이 사라진 것처럼 보일 때조차도. 나는 남편을 올려다보며 이렇게 말했다.

"괜찮아. 어차피 돈도 없는데, 뭐. 이건 그냥 내 평생의 위시리스트 같은 거지. 그걸 사려면 아마 40년쯤은 걸릴 텐데. 그때쯤이면 그림 주인이 늙어 죽지 않았을까? 그럼 그때 가서 누가 샀는지 찾아보면 돼."

그렇게 그 그림은 다시 무의식 속에 저장됐다. 우리는 허름한 집을 매입했고, 아이도 가졌다. 그리고 1년 후 내 생일 날 남편은 친구들과 가족들에게 내가 새집에 필요한 물건을 살 수 있도록 돈을 갹출해서 주자고 제안했다. 그는 내게 수백 달러가 담겨 있는 봉투와 축하 카드를 건네며 내가 원하는 것을 사라고 했다. 분명 실용적인 물건을 사리라 예상했을 것이다.

나는 그림을 사야겠다고 생각했다. 내 머릿속엔 그림밖에 없었다. 사실 몇백 달러로는 어림도 없었다. 그리고 이제 '나만의 그림'도 아니었다. 그 화가의 그림은 지난 10년 동안 아주 유명해져서 미국 전역의 미술관에 전시됐다. 하지만 열린 마음은 부정적인 생각이 그냥 흘러가도록 놔둔다. 그리고 원하는 것은 무엇이든 살 수 있다는 말과 함께 주어지는 돈은 기회를 의미했다. 망상활성계와 '자이가르닉 효과'가 당신을 돕고 있기 때문이다.

그림을 소유하는 게 불가능한 이유는 생각해보지 않았다.

그림 찾기를 그만두라고 나 자신을 말리지도 않았다. 의욕만 살아 숨 쉬고 있을 뿐이었다. 나는 마치 100만 달러를 쓰고 싶어 안달 난 사람처럼 레스토랑에 전화했다. 전화 받은 직원이 나의 상황을 듣고는 그 화가의 '소품' 몇 점을 폴라로이드로 찍어서 보내주겠다고 말했다.

그가 '소품'이라고 말한 순간 얼굴이 벌겋게 달아올랐다. 몸이 경계 태세로 바뀌면 이내 망상활성계는 초점을 잃고 부정적인 생각만 밀려든다. 그리고 나쁜 상태로 재빨리 추락하게 된다. 나는 돈이 없는 내 처지가 부끄러웠다. 그리고 곧 태어날 아기 물건을 사야 한다는 생각이 번뜩 고개를 들었다.

몸이 스트레스를 받으면 마음에서도 부정적인 반응이 일어난다. 직원이 '소품'이라는 단어를 말한 순간 머릿속에서 부정적인 생각들이 먼지처럼 피어올랐다. 마음속에 부정적인 생각이 들 때는 그것을 곧장 제거해야 한다. 말했듯이 부정적인 생각이 들 때는 부정적인 행동을 취할 수밖에 없기 때문이다. 나는 그 순간 거의 전화를 끊을 뻔했다.

신경계가 스트레스를 받아 과열된 것 같다면 곧바로 개입해야 한다. 몸이 스트레스를 받으면 인지 능력이 손상을 입는다. 이것이 바로 그런 순간이다! 이럴 때는 5초의 법칙이 마법처럼 도움을 줄 수 있다. '5-4-3-2-1' 하고 카운트다운을 하면 그것이 하강 나선에 빠지지 않도록 막아준다. 불행히도 당시 그 법칙을 만들기 전이었다. 그래서 차선책을 사용했다. 숨을 깊이 들이마시고 그 그림에 대해 생각했다. 그리고 그 그림이 우리 집 부엌에 걸려 있는 모습을 시각화했다.

"제가 정말 좋아하는 그림이 거기 있었거든요. 아마 수년간 걸려 있었을 텐데. 문을 눕혀 놓은 정도의 크기였어요."

"죄송하지만, 저는 여기서 일한 지 1년 정도밖에 안 돼서요. 그 작가님의 그림은 꽤 자주 교체되는데… 아마 제가 여기서 근무하기 전에 그림이 교체되지 않았을까 싶네요. 어쨌든 셰퍼드 선생님은 그 그림의 행방을 아실 거예요."

"셰퍼드 선생님이요? 갈 셰퍼드 작가님을 아세요?"

"물론이죠. 전화번호를 알려드릴게요."

"멜, 그 그림은 처음부터 당신 것이었어요."

나는 그 작가와 10년이 넘는 시간 동안 일방적으로 소통했다. 하지만 이제는 그녀의 전화번호가 내 손에 있다. 도대체 뭐라고 말해야 하지? 난 당장 그림을 살 형편도 못 되는데. 다시 스트레스가 몰려오기 시작했다. 부정적인 생각들이 스멀스멀 올라왔다. 스트레스를 받으면 열린 마음을 유지하기가 힘들다. 마음이 닫히도록 놔두어서는 안 된다. 부정적인 생각은 부정적인 행동을 낳기 때문이다.

나는 갈 셰퍼드에게 연락하는 것을 계속 미뤘다. 어떻게 말하면 좋을지 며칠 동안이나 생각했다. 남편은 전화했냐며 여러 번 나를 닦달했다. 나는 전화할 수 없는 구실을 끊임없이 만들었다. 사실대로 말하자면 무서웠다. 상대가 나를 어떻게 생각할지 신경 쓰였다. 나는 교양 있는 구매자와는 거리가 멀었고, 화가는 그런 사람들을 상대하는 게 더 익숙할 것이다. 나는 화가가 나를 좋아하기를 바랐다. 멍청한 말을 하거나 망신을 당하면 어쩌나 두려웠다.

남편의 인내심은 한계에 도달했다. 그는 내게 전화기를 건넸다. 지금 당장 화가에게 전화하지 않으면 자기가 대신 걸겠다고 했다. 그는 화난 표정이었고 그건 그가 진지하게 말하고 있다는 뜻이었다. 전화 신호음이 몇 차례 울리고 화가가 전화를 받았다. 운이 좋게도 그녀는 그리 놀라지 않았고 내가 망신을 당하지도 않았다. 오히려 그 반대였다. 우리는 서로 통하는 느낌을 받았다. 그녀는 내게 자신의 작품을 왜 좋아하는지 물었다.

"평소에 남편이랑 등산을 자주 가는데, 가끔 숨이 막힐 정
도로 아름다운 풍경을 만나요. 그럴 땐 다른 누군가도 내가
보는 이 풍경을 보고 있을까 궁금해지곤 하죠. 그런데 선생님
의 작품이 제 의문에 답을 해주었어요."

그리고 그동안 정말 하고 싶었던 말도 했다.

"정말 마음에 드는 작품이 있어요. 레스토랑에 제법 오래
걸려 있었죠."

그리고는 그림을 자세히 묘사했다. 잠깐 침묵이 흘렀다.
그녀가 생각에 잠긴 것 같았다. 잠시 후 그녀가 말했다.

"있잖아요, 멜. 나는 수년 동안 버몬트의 풍경화를 수백 점
이나 그렸어요. 당신이 말하는 그림이 어떤 건지 대충 넘겨짚
고 싶지 않아서 그런데, 같이 식사라도 하는 건 어때요? 레스
토랑에 걸려 있는 그림들 비하인드 스토리도 들려줄게요. 거
기에 마음에 드는 그림이 없으면 제 작업실로 가요. 제가 작
업 중인 그림들을 보여줄게요."

한 달 후 우리는 레스토랑에서 만났다. 그녀는 아주 좋은
사람이었다. 그들은 우리를 마치 오랜 친구처럼 맞아주었다.
우리는 레스토랑에 걸린 그녀의 작품들을 둘러보았고 그녀
는 각 작품의 비하인드 스토리를 들려주었다. 나의 흥분은 서
서히 두려움으로 바뀌기 시작했다. 우리가 보고 있는 그림 중

어느 것도 살 수 없다는 생각이 떠올랐기 때문이다. 마침내 1989년에 처음 그 그림을 본 레스토랑에서 점심을 먹기 위해 자리에 앉았다. 그리고 나는 당연히 치즈 수프를 먹었다. 음식을 주문한 후 화가는 나를 바라보며 내가 평생 못 잊을 말을 했다.

"이제 자리에 앉았으니 본격적으로 얘기할게요."

그 순간 레스토랑의 소음이 사라진 것만 같았다. 그녀는 이어서 말했다.

"당신이 그 그림을 설명했을 때, 저는 무슨 그림인지 알면서도 모르는 척했어요. 멜, 사실 저는 당신이 어떤 그림을 말하는지 정확히 알고 있어요."

그때 그녀의 남편이 끼어들었다.

"이 사람이 당신과 통화한 후 어땠는지 보여주고 싶네요. 마치 유령을 본 것 같더군요."

화가는 고개를 끄덕이며 이렇게 말했다.

"제 평생에 같은 풍경을 그린 건 딱 두 번밖에 없어요. 당신이 찾는 그림이 그중 하나였죠. 하나는 레스토랑에 판매용으로 보내고 나머지 하나는 제 작업실 창고에 있어요."

그리고 그녀는 눈시울을 붉히며 말했다.

"당신이 10년 전에 봤다던 그림과 똑같은 그림이 아직도 창고에 있어요. 다시 꺼낸 적 없거든요. 오랫동안 그곳에 있었죠. 그래서 당신이 전화로 그 그림을 얘기하는 데 너무 놀랐어요. 그 그림을 꺼내서 액자에 넣어서 팔까 시도를 수도 없이 했거든요. 이제야 왜 못 팔았는지 알겠네요. 그 그림은 당신 것이었던 거예요."

우리는 운명적인 만남을 직감하고 있었던 듯 경외감에 휩싸였다. 다 같이 그녀의 작업실로 향했다. 작업실에 들어서자 내가 찾던 그림이 이젤에 고정되어 있었다. 그 순간은 내 인생에서 가장 강렬한 인상으로 남았다. 11년의 전과 후 두 순간을 동시에 사는 듯한 느낌이었다. 엄청난 직관과 확신에 연결된 듯한 느낌이었다. 그래서 나는 지금 이 순간이 다가오고 있는 무언가를 위해 당신을 준비시키고 있다고 믿게 된 것이다.

작업실에서 얼마나 오랫동안 그 그림을 바라봤는지 모르겠다. 어느 순간 남편이 내 어깨를 감싸 안았고 그때 정신이 번쩍 들었다. '우린 그림을 살 형편이 안 되잖아…' 나는 남편을 올려다보았고 그는 내 마음을 읽은 듯 셰퍼드에게 물었다.

"작가님, 이 그림은 얼만가요?"

"멜이 산다고 하면 500달러에 드리죠. 멜을 위해 이 그림을 그린 것이 분명하니까요."

나는 기쁨으로 벅차올랐다. 그림을 보는 것과 소유하는 것은 차원이 다르다. 그 그림은 이제 내 것이 되었다. 내가 해냈다. 나는 11년 동안 원하는 것을 가질 수 있다고 믿어도 된다고 내게 허락했다. 항상 가능성에 마음을 열어두었다. 꿈을 향해 쉬지 않고 걸어갔다. 나는 나를 믿었고 마음이 꿈을 성취할 수 있도록 스스로 도왔다. 나는 내가 원하는 것을 현실로 만들었다.

기쁨과 동시에 맥이 풀리는 듯한 피로감이 동시에 몰려왔다. 왜 맥이 풀렸을까 생각해본 결과 그건 감정적인 피로감이 아니었다. 심리적인 피로감이었다. 11년 동안 머릿속에 '이것은 중요하다.'라는 꼬리표를 달고 있던 것이 마침내 '임무 달성'으로 표시되어 풀려났다. 마음은 자신의 임무를 달성한 것이다. 그 그림은 내 마음 한편에서 서성이는 것이 아니라 실제로 존재할 수 있게 되었다. 그 사실은 내게 아주 커다란 성취감을 안겨주었다.

나는 그림을 가지고 그녀의 작업실을 나왔다. 우리 집에서 그림을 걸 수 있는 공간은 침실밖에 없었다. 액자도 없어 벽에 그냥 고정했다. 액자를 사서 넣으려면 또 1년이 넘는 시간이 필요할 게 분명했다. 지금 그 그림은 부엌에 걸려 있다. 나에게 그 그림은 믿음의 힘을 증명해주는 증거물이자 이를 상기시킨다.

하늘에 그려진
커다란 화살표

꿈을 이룰 수 있다는 사실을 믿고 자신을 격려하라. 무슨 일이 있어도 꿈이 이루어진다는 사실을 믿어라. 나는 그 그림을 갖기까지 11년이 걸렸다. 그리고 이는 비단 그림에만 국한된 이야기가 아니다. 나는 내가 가지고 싶던 그림이 버몬트의 풍경을 담고 있다는 사실이 우연이 아님을 알게 되었다. 그것은 나를 목적지로 이끄는 이정표였다.

나는 그것을 하늘의 커다란 화살표라고 생각한다. 20년 후인 지금의 내가 있는 삶의 장으로 방향을 가리키는 화살표 말이다. 과거를 돌이켜보면 흩어진 삶의 점들을 이을 수 있다. 진정한 예술은 현재의 순간이 미래에 다가올 것과 연결될 수 있는 점이라는 사실을 믿는 것이다. 여기서 신뢰는 중요한 요소이다. 자신의 능력, 그리고 만물의 신성을 믿는 것이 중요하다. 삶에서 일어나는 모든 일은 아직 일어나지 않은 어떤 일을 준비시키는 것이다.

오늘 밤 술집에서 누군가를 만나 사랑에 빠지지 못할 수도 있고, 베스트셀러 순위 진입에 실패할 수도 있고, 원했던 석사 과정에 입학하지 못할 수도 있다. 하지만 중요한 건 당신이 그것을 원할 때 바로 얻는 것이 아니다. 두려움, 의구심, 체념을 이겨내고 앞으로 나아갈 수 있도록 당신을 끌어당기는 것이 중요하다. 꿈은 당신이 뭔가 더 좋은 것을 얻을 수 있다고 믿는 법을 가르쳐준다. 무슨 일이든 해내는 자신의 능력을 믿도록 가르친다.

그러니 믿어라. 이 도전에 맞설 수 있는 자신을 믿어라. 앞으로 나아가도록 자신을 응원하고 그 과정에서 자신을 보살펴라. 매일 아침 자신을 마주 보며 미소 짓는 시간을 가져라. 이 아름다운 생의 어느 순간에는 모든 것이 마법처럼 완벽해질 것이라는 사실을 염두에 두고 말이다. 그리고 거울 속에 비친 자신에게 하이파이브 하며 이렇게 말해보자.

"나는 너를 믿어. 사랑해. 이제 멋진 일이 일어날 거니까 포기하지 마."

Q. │ 하이파이브는 축하할 일이 있을 때만 하는 거 아닌가?

당연히 그렇지 않다. 매 순간 자신에게 용기를 북돋우는 것은 인생에서 승리하는 비결이다. 마라톤에 참가했을 때 내가 가는 곳마다 나를 응원하는 사람들이 좋았다. 자신을 그렇게 응원하는 법을 배운다면, 결승선 통과 여부를 떠나 어떤 성취가 주는 것보다도 더 빨리 자신감을 얻을 수 있다.

우리는 각자 자신의
등대가 되어야 한다

어딘가 어긋난 것 같은데 그 이유를 딱 꼬집을 수 없었던 적이 있는가? 지난 몇 년 동안 내가 그랬다. 항상 그랬던 것은 아니었지만, 나는 가만히 있는 시간에도 안절부절못했다. 출장 차 다른 도시에 갈 때마다 다음엔 어디로 이사 갈지 고민하며 호기심 뒤섞인 불안의 순간을 보냈다. 나는 홀로 조용히 생각할 시간이 없었다. 혼자 생각할 수 있는 유일한 시간은 비행기를 타고 있을 때뿐이었다. 딸들은 둥지를 떠났고, 큰 집은 이제 우리에겐 과분했다.

팬데믹이 세계를 덮치기 직전 아들이 폭탄 발언을 했다. 오클리는 당시 8학년이었고 어느 고등학교에 갈지 한창 고민 중이었다. 그런데 갑자기 버몬트에 있는 학교에 다니겠다고 고집을 부렸다. 버몬트는 나의 시부모님이 20년 넘게 살고 계신 동네다. 그때 우리는 보스턴에서 산 지 25년쯤 됐었다. 우리의 생활이 전부 보스턴에 있었다. 나는 당연히 완강하게 반대할 수밖에 없었다.

보스턴에서 일군 삶을 버리고 갈 수는 없었다. 도시에 있지 않으면 사업을 운영하기가 힘들다. 게다가 비행기로 거의 2시간 거리를 통근하라고? 절대 있을 수 없는 일이었다. 하지만 아들은 뜻을 굽힐 생각이 없어 보였다. 사실 난독증이 있는 아이가 학교에 다니는 게 마냥 쉬운 일은 아니다. 그래서일까. 오클리는 직감적으로 버몬트에 있는 고등학교가 자기에게 잘 맞을 거라 확신했다.

반면 나는 보스턴에서도 훌륭한 학교를 찾을 수 있을 거라 확신했다. 매일 같이 남편과 그 일로 싸워댔다. 시어머니마저 남편에게 은근히 압박을 가했다. 나에게 남편이 얼마나 스키를 좋아하는지 상기시켜 주기까지 했다. 나는 남편이 뭘 좋아하든 시골로 이사 가고 싶진 않았다.

가끔은 어이없게
해결되는 법

'인생이란 당신이 다른 계획을 세우느라 바쁠 때 일어나는 일이다.'라는 말을 들어본 적이 있는가? 나는 버몬트로 가지 않기 위한 계획을 세우느라 바빴다. 이사 가지 않겠다고 말하고 1달 후, 내가 진행하는 토크쇼에 영매가 게스트로 나왔다. 그녀는 5살 때부터 죽은 사람들과 대화할 수 있었다고 한다. 그녀는 영령의 메시지를 전달하며 방청석을 눈물바다로 만들었다. 그녀의 얘기를 듣고 영혼을 불신하던 사람들조차 생각을 바꿨다.

그녀는 나에게 영령의 메시지를 전달해도 되겠냐고 물었다. 내 뒤에 군복 입은 남자가 서 있다고 말했다. 나는 해군으로 복무하시던 할아버지를 떠올렸다. 하지만 그녀는 훈장을 단 공군복을 입은 남자를 보았다. '공군이라고?' 아무리 생각해봐도 주변에 공군으로 복무한 사람은 없었다. 그녀가 물었다.

"켄이라는 이름을 들으면 생각나는 사람 없어요?"

"켄이요? 우리 딸을 그렇게 불러요. 시아버지 성함을 따서 지었거든요. 시아버지 성함이 케네스예요. 켄이라고 불렀죠. 근데 제가 알기론⋯ 군 복무는 안 하셨어요. 광고 대행사를 운영하셨거든요."

"그는 불안해하고 있어요. 당신이 이 사실을 가족들에게 확인하기를 바라네요."

이때 제작진이 남편의 전화를 받았고, 놀랍게도 남편은 아버지가 대학 시절 공군 예비군이었다고 말했다. 나는 전혀 몰랐던 사실이었다. 그는 시험에서 색맹 판정을 받아 비행할 기회는 얻지 못했다. 하지만 공군 조종사가 되는 것은 항상 그의 꿈이었다고 한다. 영매는 고개를 끄덕였다. 그리고는 그에게는 손주가 아주 많지만, 그중에서도 가장 어린 오클리에게 마음이 간다고 말했다. 시아버지는 오늘 내게 메시지를 전하러 왔다고 했다.

"학교 문제로 의견 충돌이 있는 것 같구나. 멜, 마음에 들지는 않겠지만 아들 말에 귀 기울여주렴."

유체 이탈 체험을 한 기분이었다. 그 순간 내가 앉아 있던 의자가 느껴지지 않았다. 공중에 붕 떠 있는 것만 같았다. 나는 시아버지의 존재를 느낄 수 있었다. 버몬트로 이사 가는 문제 때문에 가족들과 싸웠다는 말은 굳이 하지 않았다. 결정은 이미 한 달 전에 끝났다. 오클리는 보스턴에 있는 학교에 가기로 했다. 나는 영매가 전달해 준 메시지가 무엇인지 정확히 알아들었다. 방송이 끝나고도 충격에서 헤어나오지 못했다. 남편에게 전화를 걸어 방금 일어난 일을 이야기해 주었다. 그러자 남편은 이렇게 말했다.

"당신에게는 말 안 했지만 실은 어제 엄마한테 전화가 왔어. 1년 전에 어머니가 친구분들이 살게 될 아파트 집주인한테 편지를 보내셨는데, 어머니도 받아주겠다고 했대. 그래서 나한테 어머니와 아버지가 지은 집을 매입할 의향이 없는지 물어보셨어. 물론 그럴 생각 없다고 말씀드렸지. 아무튼 우리는 보스턴에 남기로 했으니까."

그 순간 침묵이 흘렀다. 나는 확신은 서지 않았지만 이렇게 말해버렸다.

"그럼 그냥 우리가 사겠다고 말씀드려."

그래서 우리는 시부모님이 지은 집을 매입했다. 아들은 자신이 원하던 고등학교에 입학했다. 남편은 날마다 아주 행복하게 스키를 탄다. 나는 제대로 사람 하나 구경하기 힘든 전경을 바라본다. 그리고 바쁘게 살았던 지난 5년 동안 나와의 연결이 끊겨 있었다는 사실을 깨달았다. 솔직히 말하자면 남편과 아이들에게도 소홀했다. 그런 것을 깨달을 수 있게 된 이유는 버몬트가 상대적으로 조용했기 때문이었다. 버몬트는 나의 내면을 살피기에 완벽한 환경이었다. 마침내 나는 고요해질 수 있었다.

나는 버몬트에 살게 되면 사업 파트너를 구하기 어려울까 봐 불안했다. 도시 사람들보다 뒤처질 거라 생각했다. 나는 항상 도피함으로써 불안과 스트레스를 조절하려고 했다. 그런데 이제 나 자신을 대면하게 됐다. 바쁘게 회의하고 목표 달성을 위해 안간힘을 쓰는 등 끊임없이 일만 했다면 진정한 나를 만날 수 없었을 것이다.

삶이 건네는 말을
무시하지 마라

삶이 '당신을 위한 것'이라고 말할 땐 받아들여라. 나는 내가 버몬트에 살게 될 줄 꿈에도 몰랐다. 내가 원했던 건 출장을 덜 다니는 것, 가족이랑 더 많은 시간을 보내는 것, 스스로 더 많은 확신을 가지는 것, 불안을 줄이는 것이었다. 당신이 무엇인가 원한다고 말할 때는 주의해야 한다. 망상활성계가 당신에게 집중하고 있기 때문이다.

이 책을 집필하는 과정에서 나는 삶을 의도적으로 단순화해야만 했다. 그리고 내가 줄곧 원한다고 말해온 것을 수용했다. 나만의 방식으로 일을 하고, 내가 선택한 공간에서 충족감을 느끼며 사는 것이다. 나는 성공하기 위해 어떤 사람이 되어야 하는지 말해온 모든 조건을 내려놓기로 했다. 더 이상 예전처럼 바쁘지 않기 때문에, 마치 내 인생의 가장 창조적인 장에 접어드는 것 같았다. 또한 버몬트에서 새로운 사업 멤버도 꾸렸다. 우리는 모두 인생의 새로운 장에 함께 조난된 것이다. 흥분되는 동시에 겁이 났다.

나는 버몬트에서 살면서 인생의 가장 큰 교훈을 얻었다. 각자 자신의 등대가 되어야 한다는 것이다. 당신 꿈의 목적은

'당신'이다. 우리는 종종 무언가에 의존하는 실수를 저지른다. 요란한 연애나 화려한 직업, 비싼 집을 가져야 한다고 생각한다. 그리고 그것들이 하이파이브 그 자체라고 생각한다. 실제로는 그 반대인데도 말이다. 우리는 스스로 하이파이브하는 법을 배워야 한다. 당신이 삶에서 느끼고자 하는 것은 스스로 만들어라. 행복, 기쁨, 긍정, 자신감, 축하와 같은 느낌들 말이다.

요즘 나의 망상활성계는 '도대체 내가 무슨 일을 저지른 거야?'에서 '이것이 가능할까?'로, '지금 잘하고 있어.'에서 '이곳이 바로 내가 있을 곳이야.'로 전환된다. 또한 새로운 삶을 시작할 때가 오면 다시 시도할 수 있겠다는 자신감도 있다. 나는 분명 아주 긍정적인 사람이다. 넘치는 행복감과 재미도 느껴보았다. 하지만 지금 느끼고 있는 완전한 만족감을 예전에는 경험해 본 적 없었다.

난 원래 내 삶의 비전에 초점을 맞추는 삶에는 전혀 관심 없었다. 그 이유가 무엇인지는 모르겠다. 또한 버몬트에 더 빨리 이사 올 일도 없었을 것이라는 사실도 알고 있다. 이전에 일어난 일들은 전부 내가 지금 여기 있게 하기 위한 준비였다. 이처럼 내 인생의 지도에서 점들이 연결돼 선이 된다.

내가 가야 할 곳으로 나를 이끈다. 그게 뭐가 됐든, 당신에게 예정된 곳으로 당신을 이끈다.

변화가 늘
완벽하진 않다

변화는 쉽지 않다. 나는 버몬트에 집을 사고 처음 4개월은 매일 아침 보스턴으로 향했다. 누구나 답답함을 주체할 수 없을 때는 도망친다. 나는 평생 이렇게 도망쳤다는 사실을 깨달았다. '멜 로빈스'란 사람은 자신감 넘쳐 보이지만, 사실 오랫동안 진정한 자신감을 가져보지 못했다. 특히 큰 변화나 불확실한 상황을 경험할 때 그랬다.

나는 버몬트에 와서 새로운 주치의를 만났다. 그는 뼛속까지 버몬트 사람이었다. 그가 말하길, 그동안 수많은 사람이 버몬트로 이사 왔지만 대부분 이곳을 좋아하지 않았다.

"모두들 어딘가로 도망가려 하죠. 문제를 회피하려는 거예요. 하지만 사실은 가는 곳마다 문제를 그대로 안고 가는 거라고 보는 게 맞아요. 새로운 환경에서는, 특히 이곳처럼 조용하고 고요한 곳에서는 도망칠 곳이 없죠. 자신을 오롯이 마주할 수밖에요."

정작 나는 이곳에서 불편한 감정을 안고 그것에 귀 기울일 수밖에 없다는 것을 깨달았다. 그 감정을 온전히 느끼며 거울 속에 비친 자신을 본다. 그리고 '나는 괜찮을 거야.'라고 스스로 안심시킨다. 아침에 일어나면 가슴에 손을 얹고 내게 필요한 말을 해주어야 했다. 내면 깊숙이 들여다보면 다른 신호도 볼 수 있다는 것을 믿어야 했다. 거울 속의 나와 하이파이브하며 부정적인 생각을 이겨내고 하루를 시작할 수 있도록 응원했다.

삶은 우리에게 뭔가를 가르쳐주고 있다. 당신은 볼 수 없는 멋진 것을 위해 당신을 준비시키고 있다. 불편함은 일시적이다. 한 걸음씩 나아가라. 필터를 깨끗이 청소하고 마음은 열어둬라. 나는 하이파이브 습관 덕분에 산골 마을에서도 내 사업을 성장시킬 가능성을 볼 수 있었다. 여기서도 팀을 꾸렸고, 헛간에는 당구대를 놓을 충분한 공간도 있었다. 나는 이곳에서 진정으로 행복할 수 있다. 아니, 그렇게 될 것이다. 왜냐하면 그것이 내가 원하는 바이기 때문이다.

꿈은 사라지지 않는다. 당신은 꿈을 가지고 태어났고 그것이 당신의 운명이다. 당신은 어디에 가든, 그리고 어떻게 변하든 꿈과 함께 있는 것이다. 따라서 도망가기를 멈추고 그것을 받아들여라. 삶이 알려주는 모든 단서를 보고 듣고 느껴라. 꿈이 있는 곳이라면 어디든 그 길을 당당히 갈 수 있음을 믿어라. 당신 곁에는 여전히 내가 있다. 내가 하이파이브 하며 당신을 응원한다는 것을 기억하라. 잘할 수 있다, 친구여, 나는 당신을 믿는다. 이제 스스로 믿고 꿈을 실현할 차례다.

부록1 | 오늘부터 하이파이브 실천하기

하이파이브로 여는 아침

당신은 내가 당신과 하이파이브 하기 위해 계속해서 손을 들고 있을 수 없다는 사실을 알고 있다. 당신이 무슨 생각을 하고 있을지 잘 알기 때문에 하는 말이다. 물론 나는 당신을 도울 것이다. 우리가 처음 만난 곳으로 돌아가자. 속옷만 입은 채 화장실 거울 앞에 서서 하이파이브를 했다. 그렇다면 이제 거기에 나에게 배운 모든 것들을 정리해보자.

하이파이브로 여는 아침은 일련의 작은 약속들이다. 각각의 약속들이 실제로 효과를 발휘하는지는 연구 결과가 증명해주고 있다. 실천하기 아주 쉽고 기분이 좋아지는 데 도움이 되는 작은 승리를 만들어준다. 아침은 알람이 울리는 순간 시작된다. 아래 목록은 당신이 실천할 것들이다.

자신을 가장 우선순위에 두라 알람이 울릴 때 일어나라.

자신을 응원하라 거울 속의 자신과 하이파이브 하라.

자신에게 필요한 말을 들려줘라

"나는 괜찮아, 나는 안전해, 나는 사랑받고 있어."라고 말하라.

자신에게 선물하라 침대를 정리하라.

자신을 돌보라 운동복을 입어라.

망상활성계를 훈련하라 아침에 꿈꾸라.

하이파이브로 여는 아침은 당신을 우선시하는 행동이다. 이 약속은 당신이 해야 할 일이나 통화, SNS, 이메일, 뉴스, 가족들의 요구 등 당신의 통제를 벗어난 모든 일보다 자신을 우선순위에 두도록 한다. 이 간단한 약속을 스스로 지켜나갈 때 당신에게 스스로 1순위가 될 수 있다. 하이파이브가 그랬던 것처럼 얼핏 보아서는 목록이 조금 우스꽝스럽고 당연해 보일 것이다. 그렇다면 각 단계 뒤에 숨겨진 의미를 이해할 수 있도록 각각의 약속에 대해 자세히 살펴보자.

알람이 울릴 때 일어나라

밤에 불을 끄기 전, 잠시 내일 아침에 대해 생각해보는 시간을 가져라. 자신을 위해 충분한 시간을 가지기 위해서는 실제로 몇 시에 일어나야만 할까? 우리는 보통 매일 비슷한 시간에 일어난다. 삶에서 당신에게 필요한 것이 무엇인지 생각해본다면, 아마 더 일찍 일어나야 할 것이다. 그리고 당연히 더 일찍 잠들어야 할 것이다. 현실적으로 그렇다. 다른 일들은 제쳐두고 알람 시계부터 맞춰라. 수면 시간을 확보하려면 친구들과의 술자리를 포기해야 할 수도 있다. 그렇다 하더라도 자신에게 가장 우선순위를 둬라.

알람이 울리면 곧장 일어나라. 일시 정지 버튼을 누를 생각은 하지 말 것. 아무 생각도 하지 말고 '5-4-3-2-1' 카운트다운을 하고 바로 일어나라. 아침형 인간이 되라는 말은 아니다. 그것과는 아무 상관 없다. 바로 일어나야 하는 데에는 과학적인 이유가 있다. 망상활성계는 항상 당신의 행동을 예의주시하고 있다. 알람이 울릴 때 일시 정지 버튼을 누르면 망상활성계는 당신이 하기로 한 일을 제대로 하지 않는다고 생각한다. 그 때문에 망상활성계가 자신을 바라보는 시각을 형성하는 데 큰 영향을 미치게 된다.

이는 일어나라고 알리는 단순한 신호가 아니다. 알람 그 이상이다. 하나의 약속이다. 오늘 밤 알람을 맞춰놓을 때 당신은 스스로 약속하는 것이다. 내일 알람이 울릴 때는 그 약속을 반드시 지켜라. 즉시 일어나라. 알람 소리를 의무로 듣지 마라. 기회로 들어라. 그리고 아침에 일어나서 절대로 휴대폰을 들여다보지 마라.

거울 속의 자신과 하이파이브 하라

곧바로 화장실로 향해 당신의 가장 친한 친구이자 지원군인 '당신'에게 인사를 건네라. 그리고 미소를 지어보라. 거울 속에 비친 자신에게 응원의 손길로 하이파이브를 하라. 자신을 위해 잠깐의 시간을 할애하라. 당신은 할 수 있다!

"나는 괜찮아, 나는 안전해, 나는 사랑받고 있어."라고 말하라

이제 자신을 중심에 둬라. 휴대폰 화면에 시선을 고정한 채 하루를 시작하지 마라. 가슴에 손을 얹고 이렇게 말하라. "나는 괜찮아, 나는 안전해, 나는 사랑받고 있어." 필요한 만큼 여러 번 반복하라. 그렇게 하는 데 성공했다면 축하한다. 당신은 이미 2가지 작은 승리를 달성한 것이다. 잠자리에서 일어나 자신의 요구를 살폈고, 거울 속의 나와 하이파이브 했다. 당신은 해낸 것이다! 자신을 가장 우선시하는 데 성공했다.

침대를 정리하라

10년 전 내 인생이 붕괴했을 당시, 나는 아침에 다시 이불 속으로 들어가 파묻히지 않기 위해 침대 정리를 했다. 시간이 흐르면서 침대 정리가 자신을 강화하는 방법이라는 사실을 깨닫게 되었다. 이는 자신에게 줄 수 있는 아름다운 선물이기도 하다. 이제 매일 방에 들어갈 때마다 정리해야 할 어수선한 침대가 아니라 깨끗하게 정돈된 침대를 보게 될 것이다.

당신 자신을 위해 침대 정리하는 것이다. 당신이 그렇게 하겠다고 말했기 때문에 하는 것이다. 나는 어디에 머물든 매일 아침 침대를 정리한다. 심지어 남편이 아직 자고 있을 때조차도 내가 사용한 침대의 절반을 정리한다. 왜일까? 자신을 우선순위로 두는 것의 핵심은 당신이 하겠다고 말한 일을 기분이나 장소의 변화와 상관없이 실행하는 것이다.

운동복을 입어라

나는 매일 운동한다. 몸을 움직임으로써 육체적 정신적으로 얻게 되는 효과는 과학적으로도, 그리고 실제 삶에서도 증명되고 있다. 당신도 나만큼 잘 알고 있을 것이다. 당신은 몸을 움직이고 땀을 흘려야 한다. 하지만 실천하기는 힘들다. 우리는 매일 몸을 움직여야 한다는 사실을 잘 알고 있으면서도 하지 않는다.

그래서 간단한 습관을 고안했다. 나는 매일 밤 옷장 앞 바닥에 마치 덫처럼 운동복을 펼쳐놓는다. 아침에 운동복을 입을 수밖에 없게 만드는 것이다. 운동복을 못 본 채 넘어가려고 할 때는 "왜 이러시나, 멜."이라고 말해서 스스로 생산적인 죄책감을 안겨준다. 일단 요가 레깅스를 입고 나면 운동을 빠뜨리지 않고 하기가 훨씬 더 수월해진다.

나는 이 약속을 '매일 운동하기'라고 이름 붙이지 않는다. 그렇게 하면 너무 어렵게 느껴지기 때문이다. 게다가 이미 생활이 버겁다고 느끼는 사람이라면 그 약속을 지킬 수가 없을 것이다. 목표를 낮게 잡아야 한다. 그리고 가속도가 붙는 지점에 도달해야 한다. 당신은 그놈의 요가 레깅스를 입기 위해 하이파이브 하는 것이다.

나는 하이파이브를 온갖 일들을 응원하는 데 활용한다. 그래서 내가 약속을 쉽게 지키게 된 것이다. 일어난다. 침대를 정리한다. 거울 속의 나와 하이파이브 한다. 운동복을 입는다. 이미 5가지나 성공했다. 아직 모닝커피도 마시기 전인데 말이다! 이제 몸을 움직이겠다는 궁극적인 목표에 한 발짝 가까이 다가간 것이다. 결국 자신을 위한 것이므로 쉽게 달성할 수 있도록 만들어야 한다.

아침에 꿈꾸라

꿈이라고 하면 보통은 잠잘 때 꾼다고 생각한다. 하지만 나는 꿈을 일상으로 가져오는 하나의 방법으로 아침에 꿈꿀 것을 제안한다. 방법은 다음과 같다. 매일 아침에 '하이파이브 일지'를 작성하는 것이다. 이 책의 마지막 부분에 수록된 일지 양식을 확인하시라.

일지 양식의 맨 위를 보면 나를 위해 일어난 모든 일을 작성할 수 있다. 박스를 채움으로써 작은 목표를 달성한 느낌을 받을 수 있다. 이는 당신이 어떤 것을 하고 있는지 인식할 수 있는 간단한 방법이다. 이 활동을 하는 데에는 1분도 채 걸리지 않는다. 다 하고 나면 정말 뭔가를 하는 느낌이 들고 자랑스럽다.

다음은 마음을 정화하는 공간이다. 느끼는 것을 그대로 적어본다. 어떤 날은 아름다운 단어로 가득할 것이고 어떤 날은 입에 올리고 싶지 않은 단어로 가득할 것이다. 두 경우 모두 당신을 현재의 순간에 살도록 해준다. 이 방법은 좋은 것이든 나쁜 것이든 어떤 감정이든 받아들일 수 있게 해준다. 나의 경우 아침에 이 연습을 하지 않은 날에는 숨어 있는 감정과 무의식적인 생각들을 애꿎은 가족과 동료에게 쏟아낸다. 무엇이 됐든 지레 겁먹거나 바꾸지 마라. 그저 마음이 시키는 대로 적어보라.

원하는 것이 날마다 똑같을 수도 있고 다를 수도 있다. 아주 간절하고 큰 꿈일 수도 있고 그냥 가슴에서 직관적으로 느껴지는 것일 수도 있다. 당신이 사고 싶은 무언가일 수도 있다. 혹은 느끼고 싶은 감정이나 하고 싶은 활동일 수도 있다. 아무런 제약도 두지 말고 자신이 꿈꿀 수 있도록 허락하라. 원하는 것에 가까이 다가서기 위해 취할 수 있는 작은 행동들을 적어보라.

과거의 당신은 '아니오'라고 너무 많이 말했다. 앞으로는 망상활성계가 '네'라고 말하도록 훈련하라. 자신을 우선순위에 올려놓고 망상활성계가 당신이 원하는 것에 초점을 맞추도록 해라. 어떤 것이든 그것을 원해도 된다고 스스로 허락하라. 그리고 그것을 자각하는 순간 망상활성계는 당신이 그것을 얻도록 도울 것이다.

당신이 이것을 실천하는 모습을 보고 싶다

이 훈련들은 간단하다. 매일 아침 하나씩 실천한다면 더 생산적인 하루를 맞이할 것이다. 이 훈련들은 신경계를 안정시키고 마음을 집중시킬 것이다. 하이파이브로 여는 아침은 자신감을 키우는 과정이다. 자기 자신과 몸, 생각, 영혼에 대한 자신감을 키우는 것이다.

이 약속들은 당신이 하루의 목표를 세우고, 세상에 나가기 전에 통제력을 지닐 수 있도록 와준다. 성공할 수 있는 환경을 조성해준다. 따라서 당신의 자존감은 더 높아진다. 이제 그 꿈들은 당신 옆에서 걷는다. 우리가 진정으로 깊이 사랑하는 사람들을 위해 희망하는 것이자 당신이 현실화하고 자신을 위해 창조해야 하는 그것은 바로 하이파이브 정신으로 무장한 삶이다.

부록2 | 하이파이브 일지

앞서 특별한 일지 쓰기 훈련이 있을 것이라 언급했듯이, 이제 그걸 여러분과 공유하려 한다. 빈칸을 채워볼 수 있도록 일지 양식을 제공하겠다. 이 책에서 배운 것들을 토대로 간단한 일지 쓰기 연습을 해보자.

오늘의 날짜 : _____

지금 순간에 집중하고 자신감 되찾기

· 숨을 깊게 들이마신다.

· 가슴에 손을 얹고 "나는 괜찮아. 나는 안전해. 나는 사랑받고 있어."라고 말하라.

· 지금 보이는 것을 써라.

· 지금 들리는 것을 써라.

· 지금 느껴지는 감촉을 써라.

· 지금 나는 냄새를 써라.

· 한 마디로 _____ 라고 느낀다.

· _____ 때문에 하이파이브

받을 자격이 있다.

· 다음번에 거울을 지나갈 때는 하이파이브로 당신의 자격을 증명하라.

마음 정화하기

자신감 있는 마음을 만들기 위해 걱정, 해야 할 일, 생각, 아이디어, 기억해야 할 모든 것들 등 지금 마음속을 가득 채우고 있는 것들을 정화해보자.

영혼을 자유롭게 하기

자신감 있는 영혼은 자신을 응원하고 열망하는 것을 좇는다. 당신이 원하는 것에 접속하도록 스스로 허락하라.

원하는 것 5가지 적기

큰 것도 좋고 작은 것도 좋다. 오늘 당장 원하는 것도 좋고 평생에 걸쳐 원하는 것도 좋다.

1. _____

2. _____

3. _____

4. _____

5. _____

하이파이브 일지

· 날짜 : _____

· 지금 보이는 것 : _____

· 지금 들리는 것 : _____

· 지금 느껴지는 감촉 : _____

· 지금 나는 냄새 : _____

· 한 마디로 _____ 라고 느낀다.

· _____ 때문에

　하이파이브 받을 자격이 있다.

· 원하는 것 5가지

　① _____

　② _____

　③ _____

　④ _____

　⑤ _____

감사의 말

먼저 나 자신에게 감사하고 싶다. 멜 로빈스, 너는 박수를 받을 자격이 있다. 이 책을 집필하는 데에는 3년이라는 시간, 2개의 출판사, 13GB의 메모리, 80ℓ의 아이스크림, 7박스의 티슈, 몇 움큼의 진통제가 투입됐다. 책을 쓰는 기간은 내 인생에서 가장 혹독했다. 그동안 겪은 일(변호사는 이야기하지 말라고 하겠지만)들을 생각하면 믿을 수가 없다. 그래도 어쨌든 이렇게 마무리를 하게 되었다. 내가 정말 해낸 것이다. 나 자신이 자랑스럽다. 그래서 나 멜 로빈스에게 그놈의 '하이파이브'를 보낸다.

나는 이 책을 아주 여러 번 집필했다. 그 때문에 편집자 멜로디가 고생했다. 내게 다시는 이메일을 받고 싶지 않다고 말해도 이해한다. 나는 그녀에게 눈꺼풀이 있는지 궁금하다. 내가 조금만 시간을 더 달라고 할 때마다, 눈 하나 깜짝하지 않았기 때문이다. 아마 이 문장마저 편집될 수도 있겠다. 그래도 당신과 일할 수 있어서 너무 감사했다.

일일이 이름을 다 기억하지는 못하지만, 도움을 주신 모든 분께 진심으로 감사하다. 하이파이브 챌린지에 동참해준 사람들. 특히 나를 처음으로 라이프코치로 써줬던 다린과 그의 아내 로리. 아마 두 사람이 아니었으면 이 일을 하지 못했을 거다. 그리고 우리 팀 모두. 내 사진을 다트판으로 쓰지 않앉다는 것에 경의를 표한다. 혹시 내가 모르게 사용했나? 뭐, 그랬다 해도 나와 함께 해줘서 고맙다.

내가 사업가가 된 건 다 내 어머니가 은행에서 보여준 행동 덕분이었다. 은행원의 턱은 아직도 잔뜩 벌어져 있을 게 분명하다. 가끔 나마저 날 지지할 수 없을 만큼 막무가내로 굴 때도, 어머니는 나의 가장 적극적인 지지자였다. 아, 버몬트로 이사 왔으니 당구대도 설치해야겠다. 아버지와 당구도 쳐야지.

마지막으로 사랑하는 소여, 켄달, 오클리. 너희는 엄마가 일 중독자라고 생각하겠지(틀린 건 아니야). 하지만 핵심은 일이 아니란다. 이 책은 너희와 너희 아빠에게 바치는 거야. 부모로서 나는 너희들이 의미 있는 삶을 좇을 용기를 갖길 바라. 그리고 너희들이 나의 삶을 행복하게 만들어준 만큼 너희들의 삶 또한 행복하길 바란단다. 늘 엄마의 꿈을 지지해줘서 고마워. 그리고 크리스, 당신은 내가 세상에서 가장 사랑하는 사람이야.

참고문헌

- "Behavioral Activation Therapy Effectively Treats Depression, Study Finds." Harvard Health. Harvard Medical School Publishing, September 14, 2016. https://www.health.harvard.edu/mind-and-mood/behavioral-activation-therapy-effectively-treats-depression-study-finds.
- "Female Reproductive System: Structure & Function." Cleveland Clinic. Cleveland Clinic's Ob/Gyn & Women's Health Institute, 2021. https://my.clevelandclinic.org/health/articles/9118-female-reproductive-system#:~:text=At%20birth%2C%20there%20are%20approximately,quality%20of%20the%20remaining%20eggs.
- "Reticular Activating System." ScienceDirect. Elsevier B.V., 2021. https://www.sciencedirect.com/topics/neuroscience/reticular-activating-system.
- "Understand Team Effectiveness." Google Re:Work. Google. Accessed April 29, 2021. https://rework.withgoogle.com/print/guides/5721312655835136/.
- "Understanding the Stress Response." Harvard Health. Harvard Medical School, July 6, 2020. https://www.health.harvard.edu/staying-healthy/understanding-the-stress-response.
- "Why Do We Take Mental Shortcuts?" The Decision Lab. The Decision Lab, January 27, 2021. https://thedecisionlab.com/biases/heuristics/.
- Adolph, Karen E., Whitney G. Cole, Meghana Komati, Jessie S. Garciaguirre, Daryaneh Badaly, Jesse M. Lingeman, Gladys L. Chan, and Rachel B. Sotsky. "How Do You Learn to Walk? Thousands of Steps and Dozens of Falls per Day." *Psychological Science* 23, no. 11 (2012): 1387–94. https://doi.org/10.1177/0956797612446346.
- Alberini, Cristina M. "Long-Term Memories: The Good, the Bad, and the Ugly." *Cerebrum* 2010, no. 21 (October 29, 2010). https://doi.org/https://www.ncbi.nlm.

nih.gov/pmc/articles/PMC3574792/.

· Alderson-Day, Ben, Susanne Weis, Simon McCarthy-Jones, Peter Moseley, David Smailes, and Charles Fernyhough. "The Brain's Conversation with Itself: Neural Substrates of Dialogic Inner Speech." *Social Cognitive and Affective Neuroscience* 11, no. 1 (2015): 110-20. https://doi.org/10.1093/scan/nsv094.

· Amabile, Teresa, and Steven Kramer. *The Progress Principle: Using Small Wins to Ignite Joy, Engagement, and Creativity at Work*. Boston, MA: Harvard Business Review Press, 2011.

· Baldwin, David V. "Primitive Mechanisms of Trauma Response: An Evolutionary Perspective on Trauma-Related Disorders." *Neuroscience & Biobehavioral Reviews* 37, no. 8 (2013): 1549-66. https://doi.org/10.1016/j.neubiorev.2013.06.004.

· Beck, Melinda. "'Neurobics' and Other Brain Boosters." *The Wall Street Journal*. Dow Jones & Company, June 3, 2008. https://www.wsj.com/articles/SB121242675771838337.

· Binazir, Dr. Ali. "Why You Are A Miracle." HuffPost. HuffPost, August 16, 2011. https://www.huffpost.com/entry/probability-being-born_b_877853.

· Bohn, Roger, and James Short. "Measuring Consumer Information." *International Journal of Communication* 6 (2012): 980-1000.

· Bolte, Annette, Thomas Goschke, and Julius Kuhl. "Emotion and Intuition." *Psychological Science* 14, no. 5 (2003): 416-21. https://doi.org/10.1111/1467-9280.01456.

· Breit, Sigrid, Aleksandra Kupferberg, Gerhard Rogler, and Gregor Hasler. "Vagus Nerve as Modulator of the Brain-Gut Axis in Psychiatric and Inflammatory Disorders." *Frontiers in Psychiatry* 9 (2018). https://doi.org/10.3389/fpsyt.2018.00044.

· Brown, Brené. *I Thought It Was Just Me (but It Isn't): Telling the Truth About Perfectionism, Inadequacy, and Power*. New York: Gotham Books, 2008. (브렌 브라운, 《수치심 권하는 사회》)

- Cascio, Christopher N., Matthew Brook O'Donnell, Francis J. Tinney, Matthew D. Lieberman, Shelley E. Taylor, Victor J. Strecher, and Emily B. Falk. "Self-Affirmation Activates Brain Systems Associated with Self-Related Processing and Reward and Is Reinforced by Future Orientation." *Social Cognitive and Affective Neuroscience* 11, no. 4 (2015): 621-29. https://doi.org/10.1093/scan/nsv136.

- Cheval, Boris, Eda Tipura, Nicolas Burra, Jaromil Frossard, Julien Chanal, Dan Orsholits, Rémi Radel, and Matthieu P. Boisgontier. "Avoiding Sedentary Behaviors Requires More Cortical Resources than Avoiding Physical Activity: An EEG Study." *Neuropsychologia* 119 (2018): 68-80. https://doi.org/10.1016/j.neuropsychologia.2018.07.029.

- Christakis, Nicholas A., and James H. Fowler. *Connected: The Surprising Power of Our Social Networks and How They Shape Our Lives*. New York, NY: Little, Brown, 2011. (니컬러스 크리스태키스, 제임스 파울러, 《행복은 전염된다》)

- Creswell, J. David, Janine M. Dutcher, William M. Klein, Peter R. Harris, and John M. Levine. "Self-Affirmation Improves Problem-Solving under Stress." *PLoS ONE* 8, no. 5 (2013). https://doi.org/10.1371/journal.pone.0062593.

- Cross, Ainslea, and David Sheffield. "Mental Contrasting as a Behaviour Change Technique: a Systematic Review Protocol Paper of Effects, Mediators and Moderators on Health." Systematic Reviews 5, no. 1 (2016). https://doi.org/10.1186/s13643-016-0382-6.

- David, Meredith, and Kelly Haws. "Saying 'No' to Cake or 'Yes' to Kale: Approach and Avoidance Strategies in Pursuit of Health Goals." *Psychology & Marketing*, 33, no. 8 (2016): 588-549. https://doi.org/10.1002/mar.20901.

- Di Stefano, Giada, Bradley Staats, Gary Pisano, and Francesca Gino. "Learning By Thinking: How Reflection Improves Performance." Harvard Business School. Harvard Business School Working Knowledge, April 11, 2014. https://hbswk.hbs.edu/item/7498.html.

- Duhigg, Charles. *The Power of Habit: Why We Do What We Do in Life and Busi-*

ness. New York, NY: Random House, 2014.

· Eagleman, David. *Livewired: The Inside Story of the Ever-Changing Brain*. New York: Pantheon Books, 2020.

· Erdelez, Sandra. "Information Encountering: It's More Than Just Bumping into Information." *Bulletin of the American Society for Information Science and Technology* 25, no. 3 (2005): 26–29. https://doi.org/10.1002/bult.118.

· Etxebarria, I., M. J. Ortiz, S. Conejero, and A. Pascual. "Intensity of habitual guilt in men and women: Differences in interpersonal sensitivity and the tendency towards anxious-aggressive guilt." *Spanish Journal of Psychology* 12, no. 2 (2009): 540-554.

· Ferriss, Timothy. *Tools of Titans: The Tactics, Routines, and Habits of Billionaires, Icons, and World-Class Performers*. Boston: Houghton Mifflin Harcourt, 2017. (팀 페리스, 《타이탄의 도구들》)

· Firestone, Lisa. "How Do Adverse Childhood Events Impact Us?" Psychology Today. Sussex Publishers, November 12, 2019. https://www.psychologytoday.com/us/blog/compassion-matters/201911/how-do-adverse-childhood-events-impact-us.

· Fitzpatrick, John L., Charlotte Willis, Alessandro Devigili, Amy Young, Michael Carroll, Helen R. Hunter, and Daniel R. Brison. "Chemical Signals from Eggs Facilitate Cryptic Female Choice in Humans." *Proceedings of the Royal Society B: Biological Sciences* 287, no. 1928 (2020): 20200805. https://doi.org/10.1098/rspb.2020.0805.

· Fogg, B. J. *Tiny Habits: The Small Changes That Change Everything*. Boston: Mariner Books, Houghton Mifflin Harcourt, 2020.

· Fredrickson, Barbara L., and Marcial F. Losada. "Positive Affect and the Complex Dynamics of Human Flourishing." *American Psychologist* 60, no. 7 (2005): 678-86. https://doi.org/10.1037/0003-066x.60.7.678.

· Gabrieli, John. "Brain Imaging, Neurodiversity, and the Future of Dyslexia Education." Carroll School. Carroll School, October 1, 2019. https://www.carroll-

school.org/dyslexia-news-blog/blog-dtail-page/~board/dyslexia-news/post/
brain-imaging-neurodiversity-future-of-dyslexia-education.

· ————, Rachel Foster, and Eric Falke. "A Novel Approach to Improving Read-
ing Fluency." Carroll School. Carroll School, May 28, 2019. https://www.car-
rollschool.org/dyslexia-news-blog/blog-detail-page/~board/dyslexia-news/
post/a-novel-approach-to-improving-reading-fluency.

· Gallo, Amy, Shawn Achor, Michelle Gielan, and Monique Valcour. "How Your
Morning Mood Affects Your Whole Workday." Harvard Business Re-
view. Harvard Business School Publishing, October 5, 2016. https://hbr.
org/2016/07/how-your-morning-mood-affects-your-whole-workday.

· Mothes, Hendrik, Christian Leukel, Han-Gue Jo, Harald Seelig, Stefan Schmidt,
and Reinhard Fuchs. "Expectations affect psychological and neurophysio-
logical benefits even after a single bout of exercise." *Journal of Behavioral
Medicine*, 40 (2017): 293-306. https://doi.org/10.1007/s10865-016-9781-3.

· Howland, Robert H. "Vagus Nerve Stimulation." *Current Behavioral Neuroscience
Reports* 1, no. 2 (2014): 64-73. https://doi.org/10.1007/s40473-014-0010-5.

· Hyun, Jinshil, Martin J. Sliwinski, and Joshua M. Smyth. "Waking Up on the
Wrong Side of the Bed: The Effects of Stress Anticipation on Working
Memory in Daily Life." *The Journals of Gerontology: Series B*, 74, no. 1 (2019):
38-46. https://doi.org/10.1093/geronb/gby042.

· Jarrett, Christian. "The Science of How We Talk to Ourselves in Our Heads." The
British Psychological Society Research Society. The British Psychological
Society, July 30, 2016. https://digest.bps.org.uk/2013/12/05/the-science-of-
how-we-talk-to-ourselves-in-our-heads/.

· Katz, Lawrence, Gary Small, Manning Rubin, and David Suter. *Keep Your Brain
Alive: 83 Neurobic Exercises To Help Prevent Memory Loss And Increase
Mental Fitness*. New York: Workman Publishing Company, 2014.

· Kelly, Allison C., Kiruthiha Vimalakanthan, and Kathryn E. Miller. "Self-Compas-
sion Moderates the Relationship between Body Mass Index and Both Eating

Disorder Pathology and Body Image Flexibility." *Body Image* 11, no. 4 (2014): 446-53. https://doi.org/10.1016/j.bodyim.2014.07.005.

· Kensinger, Elizabeth A. "Negative Emotion Enhances Memory Accuracy." *Current Directions in Psychological Science* 16, no. 4 (2007): 213-18. https://doi.org/10.1111/j.1467-8721.2007.00506.x.

· Kluger, Jeffrey. "How Telling Stories Makes Us Human: It's a Key to Evolution." Time. Time, December 5, 2017. https://time.com/5043166/storytelling-evolution/.

· Kraus, Michael W., Cassey Huang, and Dacher Keltner. "Tactile Communication, Cooperation, and Performance: An Ethological Study of the NBA." *Emotion* 10, no. 5 (2010): 745-49. https://doi.org/10.1037/a0019382.

· Kross, Ethan, Emma Bruehlman-Senecal, Jiyoung Park, Aleah Burson, Adrienne Dougherty, Holly Shablack, Ryan Bremner, Jason Moser, and Ozlem Ayduk. "Self-Talk as a Regulatory Mechanism: How You Do It Matters." *Journal of Personality and Social Psychology* 106, no. 2 (2014): 304-24. https://doi.org/10.1037/a0035173.

· LaMotte, Sandee. "The Other 'Fingerprints' You Don't Know About." CNN. Cable News Network, December 4, 2015. https://www.cnn.com/2015/12/04/health/unique-body-parts.

· Lane, Andrew M., Peter Totterdell, Ian MacDonald, Tracey J. Devonport, Andrew P. Friesen, Christopher J. Beedie, Damian Stanley, and Alan Nevill. "Brief Online Training Enhances Competitive Performance: Findings of the BBC Lab UK Psychological Skills Intervention Study." *Frontiers in Psychology* 7 (2016). https://doi.org/10.3389/fpsyg.2016.00413.

· Leary, Mark R., Eleanor B. Tate, Claire E. Adams, Ashley Batts Allen, and Jessica Hancock. "Self-Compassion and Reactions to Unpleasant Self-Relevant Events: The Implications of Treating Oneself Kindly." *Journal of Personality and Social Psychology* 92, no. 5 (2007): 887-904. https://doi.org/10.1037/0022-3514.92.5.887.

- LePera, Nicole. *How to Do the Work: Recognize Your Patterns, Heal from Your Past, and Create Your Self*. New York, NY: Harper Wave, an imprint of HarperCollinsPublishers, 2021. (니콜 르페라, 《내 안의 어린아이가 울고 있다》)

- Levine, Peter A., and Gabor Mate. *In an Unspoken Voice: How the Body Releases Trauma and Restores Goodness*. Berkeley, CA: North Atlantic Books, 2010.

- Madon, Stephanie, Max Guyll, Kyle C. Scherr, Jennifer Willard, Richard Spoth, and David L. Vogel. "The Role of the Self-Fulfilling Prophecy in Young Adolescents' Responsiveness to a Substance Use Prevention Program." *Journal of Applied Social Psychology* 43, no. 9 (2013): 1784–98. https://doi.org/10.1111/jasp.12126.

- Masicampo, E. J., and Roy F. Baumeister. "Consider It Done! Plan Making Can Eliminate the Cognitive Effects of Unfulfilled Goals." *Journal of Personality and Social Psychology* 101, no. 4 (2011): 667–83. https://doi.org/10.1037/a0024192.

- ————. "Unfulfilled Goals Interfere with Tasks That Require Executive Functions." *Journal of Experimental Social Psychology* 47, no. 2 (2011): 300–311. https://doi.org/10.1016/j.jesp.2010.10.011.

- Morris, Bradley J., and Shannon R. Zentall. "High Fives Motivate: the Effects of Gestural and Ambiguous Verbal Praise on Motivation." *Frontiers in Psychology* 5 (2014). https://doi.org/10.3389/fpsyg.2014.00928.

- Moser, Jason S., Adrienne Dougherty, Whitney I. Mattson, Benjamin Katz, Tim P. Moran, Darwin Guevarra, Holly Shablack, et al. "Third-Person Self-Talk Facilitates Emotion Regulation without Engaging Cognitive Control: Converging Evidence from ERP and FMRI." *Scientific Reports* 7, no. 1 (2017). https://doi.org/10.1038/s41598-017-04047-3.

- Nadler, Ruby T., Rahel Rabi, and John Paul Minda. "Better Mood and Better Performance: Learning Rule Described Categories Is Enhanced by Positive Mood." *Psychological Science*, 21, no. 12 (2010) 1770–1776 https://doi.org/10.1177/0956797610387441.

· Oettingen, Gabriele, Doris Mayer, A. Timur Sevincer, Elizabeth J. Stephens, Hy-eon-ju Pak, and Meike Hagenah. "Mental Contrasting and Goal Commitment: The Mediating Role of Energization." *Personality and Social Psychology Bulletin* 35, no. 5 (2009): 608-22. https://doi.org/10.1177/0146167208330856.

· Oettingen, Gabriele, Hyeon-ju Pak, and Karoline Schnetter. "Self-Regulation of Goal-Setting: Turning Free Fantasies about the Future into Binding Goals." *Journal of Personality and Social Psychology* 80, no. 5 (2001): 736-53. https://doi.org/10.1037/0022-3514.80.5.736.

· Pham, Lien B., and Shelley E. Taylor. "From Thought to Action: Effects of Process-Versus Outcome-Based Mental Simulations on Performance." *Personality and Social Psychology Bulletin* 25, no. 2 (1999): 250-60. https://doi.org/10.1177/0146167299025002010.

· Ranganathan, Vinoth K., Vlodek Siemionow, Jing Z. Liu, Vinod Sahgal, and Guang H. Yue. "From Mental Power to Muscle PowerGaining Strength by Using the Mind." *Neuropsychologia* 42, no. 7(2004): 944-56. https://doi.org/10.1016/j.neuropsychologia.2003.11.018.

· Richards, David A., David Ekers, Dean McMillan, Rod S. Taylor, Sarah Byford, Fiona C. Warren, Barbara Barrett, et al. "Cost and Outcome of Behavioural Activation versus Cognitive Behavioural Therapy for Depression (COBRA): a Randomised, Controlled, Non-Inferiority Trial." The Lancet 388, no. 10047 (2016): 871-80. https://doi.org/10.1016/s0140-6736(16)31140-0.

· Robbins, Mel. *The 5 Second Rule: Transform Your Life, Work, and Confidence with Everyday Courage*. Brentwood: Savio Republic, 2017. (멜 로빈스, 《5초의 법칙》)

· Roberts Gibson, Kerry, Kate O'Leary, and Joseph R. Weintraub. "The Little Things That Make Employees Feel Appreciated." Harvard Business Review. Harvard Business School Publishing, January 24, 2020. https://hbr.org/2020/01/the-little-things-that-make-employees-feel-appreciated.

· Rogers, T. and K. L. Milkman. "Reminders Through Association." *Psychological*

Science, 27, no. 7 (2016): 973–986. https://doi.org/10.1177/0956797616643071.

· Rosenberg, Stanley. *Accessing the Healing Power of the Vagus Nerve: Self-Help Exercises for Anxiety, Depression, Trauma, and Autism*. Berkeley, CA: North Atlantic Books, 2016.

· Rothbard, Nancy P., and Steffanie L. Wilk. "Waking Up on the Right or Wrong Side of the Bed: Start-of-Workday Mood, Work Events, Employee Affect, and Performance." *Academy of Management Journal* 54, no. 5 (2012). https://doi.org/10.5465/amj.2007.0056.

· Runfola, Cristin D., Ann Von Holle, Sara E. Trace, Kimberly A. Brownley, Sara M. Hofmeier, Danielle A. Gagne, and Cynthia M. Bulik. "Body Dissatisfaction in Women Across the Lifespan: Results of the UNC-SELFand Gender and Body Image (GABI) Studies." *European Eating Disorders Review* 21, no. 1 (2012): 52–59. https://doi.org/10.1002/erv.2201.

· Sbarra, David A., Hillary L. Smith, and Matthias R. Mehl. "When Leaving Your Ex, Love Yourself: Observational Ratings of Self-Compassion Predict the Course of Emotional Recovery Following Marital Separation." *Psychological Science* 23, no. 3 (2012): 261–69. https://doi.org/10.1177/0956797611429466.

· Seligman, Martin. *Authentic Happiness: Using the New Positive Psychology to Realize Your Potential for Lasting Fulfillment*. New York: Atria Paperback, 2013. (마틴 셀리그만, 《마틴 셀리그만의 긍정심리학》)

· Taylor, Sonya Renee. *The Body Is Not an Apology: The Power of Radical Self-Love*. Oakland, CA: Berrett-Koehler Publishers, Inc., 2021.

· Texas A&M University. "Can You Unconsciously Forget an Experience?" ScienceDaily. ScienceDaily, December 9, 2016. https://www.sciencedaily.com/releases/2016/12/161209081154.htm.

· *The Power of Story*, with *Kendall Haven*. YouTube. ABC-CLIO, 2010. https://youtu.be/zIwEWw-Mymg.

· Torstveit, Linda, Stefan Sütterlin, and Ricardo Gregorio Lugo. "Empathy, Guilt Proneness, and Gender: Relative Contributions to Prosocial Behaviour." *Eu-*

rope's *Journal of Psychology* 12, no. 2 (2016): 260–70. https://doi.org/10.5964/ejop.v12i2.1097.

- Traugott, John. "Achieving Your Goals: An Evidence-Based Approach." Michigan State University. Michigan State University, January 13, 2021. https://www.canr.msu.edu/news/achieving_your_goals_an_evidence_based_approach.

- University of Hertfordshire. "Self-Acceptance Could Be the Key to a Happier Life, Yet It's the Happy Habit Many People Practice the Least." Science-Daily. ScienceDaily, March 7, 2014. https://www.sciencedaily.com/releases/2014/03/140307111016.htm.

- van del Kolk, Bessel. *The Body Keeps the Score: Brain, Mind, and Body in the Healing of Trauma*. New York, NY: Penguin Books, 2015. (베셀 반 데어 콜크, 《몸은 기억한다》)

- ———, Alexander C. McFarlane, and Lars Weisæth, eds. *Traumatic Stress: The Effects of Overwhelming Experience on Mind, Body, and Society*. New York: Guilford Press, 2007.

- Wang, Yang, Benjamin F. Jones, and Dashun Wang. "Early-Career Setback and Future Career Impact." *Nature Communications* 10, no. 1 (2019). https://doi.org/10.1038/s41467-019-12189-3.

- Willis, Judy. "Powerful Classroom Strategies From Neuroscience Research." *Learning and the Brain Workshop*. Lecture presented at the Learning and the Brain Workshop. Accessed April 29, 2021. http://www.learningandthebrain.com/documents/WillisHandout.pdf.

- ———. "The Neuroscience behind Stress and Learning." Nature Partner Journal Science of Learning. Nature Publishing Group, October 16, 2016. https://npjscilearncommunity.nature.com/posts/12735-the-neuroscience-behind-stress-and-learning.

- ———. "Want Children to 'Pay Attention'? Make Their Brains Curious!" *Psychology Today*. Sussex Publishers, May 9, 2010. https://www.psychology-today.com/us/blog/radical-teaching/201005/want-children-pay-attentionmake-their-brains-curious.

- ————. "What You Should Know About Your Brain." *Educational Leadership* 67, no. 4 (January 2010).

- ————. RadTeach. Dr. Judy Willis. Accessed April 29, 2021. https://www.rad-teach.com/.

- ————. *Research-Based Strategies to Ignite Student Learning: Insights from Neuroscience and the Classroom*. ASCD, 2020.

- ————, and Jay McTighe. *Upgrade Your Teaching: Understanding by Design Meets Neuroscience*. ASCD, 2019.

- Wiseman, Richard. *The Luck Factor*. New York: Miramax Books, 2003.

- Wolynn, Mark. *It Didn't Start with You: How Inherited Family Trauma Shapes Who We Are and How to End the Cycle*. New York: Penguin Books, 2017. (마크 월린, 《트라우마는 어떻게 유전되는가》)

- Wood, Dustin, Peter Harms, and Simine Vazire. "Perceiver Effects as Projective Tests: What Your Perceptions of Others Say about You." *Journal of Personality and Social Psychology* 99, no. 1 (2010): 174–90. https://doi.org/10.1037/a0019390.

저자 소개

지은이

멜 로빈스 Mel Robbins

전 세계에서 강연 신청이 가장 빨리 마감되는 강사
이자, 라이프코치, 베스트셀러 작가. 매달 6,000만 명 이상
을 코칭하고 있고, TEDx 강연은 무려 2,800만 뷰를 돌파했
다. 사람들이 스스로 믿고 삶을 변화시킬 수 있도록 영감 불
어넣는 일을 한다. 그들의 삶에 진정한 변화를 가져올 때 가
장 큰 보람을 느낀다. 그녀의 강연은 세계 각국의 언어로 번
역되어 교육 자료로 활용되고 있으며, 자신감을 향상하는 데
도움 되는 세계적인 브랜드로 자리매김했다. 1994년부터 뉴
욕에서 변호사로 활동했고, 이후 CNN에서 법률 분석가로
5년 동안 사회 정의 사건을 다루었다. 저서로는 《5초의 법
칙》이 있다.

옮긴이
강성실

한국외국어대학교 영어과를 졸업했다. 출판사에서 편집자로 오래 근무했다. 현재 번역 에이전시 엔터스코리아에서 출판 기획 및 전문 번역가로 활동하고 있다. 주요 역서로는 《그래도: 민들레 홀씨처럼 전 세계로 퍼져나간 역설의 진리》,《아침에 일어나면 꽃을 생각하라: 달라이 라마 어록》,《조금 무심해도 괜찮아》가 있다.

굿모닝 해빗

2022년 5월 25일 초판 1쇄 발행 | 2022년 5월 26일 4쇄 발행

지은이 멜 로빈스 **옮긴이** 강성실
펴낸이 최세현 **경영고문** 박시형

책임편집 류지혜 **디자인** 정아연
마케팅 이주형, 양근모, 권금숙, 양봉호, 박관홍 **온라인마케팅** 신하은, 정문희, 현나래
디지털콘텐츠 김명래, 김혜정 **해외기획** 우정민, 배혜림
경영지원 홍성택, 이진영, 임지윤, 김현우, 강신우
펴낸곳 (주)쌤앤파커스 **출판신고** 2006년 9월 25일 제406-2006-000210호
주소 서울시 마포구 월드컵북로 396 누리꿈스퀘어 비즈니스타워 18층
전화 02-6712-9800 **팩스** 02-6712-9810 **이메일** info@smpk.kr

쌤앤파커스(Sam&Parkers)는 독자 여러분의 책에 관한 아이디어와 원고 투고를 설레는 마음으로 기다리고 있습니다. 책으로 엮기를 원하는 아이디어가 있으신 분은 이메일 book@smpk.kr로 간단한 개요와 취지, 연락처 등을 보내주세요. 머뭇거리지 말고 문을 두드리세요. 길이 열립니다.